国語を楽しく

――プロジェクト・翻作・同時異学習のすすめ

千葉大学名誉教授
首藤　久義

まえがき　―どうすれば、言葉や国語の学習が楽しく実りあるものになるか―

学習の主体は学習者である。教育は学習を助けるものでなければならない。それが、本書の根底に流れる教育思想である。その根本思想の上に立って、効果的な学習支援の在り方を提案しているのが、第一章「人間尊重の学習支援」である。

教師がする評価は、子どもに優劣や順序を付けるためではなく、学習支援を改善するために行われるべきである。学習において最も重要なはたらきをする評価は、学習する子ども自身による省察的評価である。そう考えて、評価の在り方を提案しているのが、第二章「学習と評価」である。

言葉の力は、実際に話したり聞いたり書いたり読んだりしなければ伸びない。とは言え、やらされていやいやながらするのでは、楽しくもなく、学習効果もあがらない。ではどうすればよいか。その理論と具体案を提案しているのが、第三章「言葉が育つプロジェクト単元」である。

本書で提案するプロジェクトは、次の六種類である。

①作る　②演じる　③解明する　④遊ぶ　⑤向上を目指す　⑥味わい楽しむ

このうち、「①作る」と「②演じる」は、オリジナルな創作によるプロジェクトの場合もあるが、何らかの原作をもとにして作ったり演じたりする場合もある。

何らかの原作をもとにした表現を私は「翻作《ほんさく》」と呼んでいる。翻作表現活動を通して学ぶ方法が「翻作法」である。翻作法は、表現・理解総合の学習法であり、文化の継承と創造に役立つ学習法である。その理論と具体的な方法を提案しているのが、第四章「翻作のすすめ」である。

国語科で取り上げられる話題は多方面にわたり、その範囲は人文・社会・自然の全分野に及ぶ。そういう意味で、国語科は「ミニ総合科」である。国語科は、言葉を学ぶ場であると同時に言葉が運ぶ世界を学ぶ場でもある。そういう意味で国語科は「二重カリキュラム」的である。言葉はすべての教科で使われ、使われることによって学ばれる。すべての教科で、その教科の学習がなされると同時に言葉も学ばれる。そういう意味で、国語科以外の教科もまた、「二重カリキュラム」的である。そのことを論じているのが、第五章「国語学習の総合性」である。

子どもは、言葉を学ぶ潜在能力をもって生まれる。この社会で生きるためには、まわりの人々に通じる言葉を使う必要がある。その必要が言葉を学ぶ原動力になり、言葉で通じ合う喜びが言葉の育ちを支える。幼児期の発達支援は、環境設定と遊びを通して行われる。そのことについて、具体例を示しながら述べているのが、第六章「幼児期の言葉と文字」である。

私は、楽しくて充実した言葉の学びを実現したいと考えて、幼・小・中・高の教育現場に足を運び、先人の文献に学んで、研究を進めてきた。そして、いくつかの知恵にたどりついた。その知恵を記したのが本書である。

本書が、楽しくて充実した言葉の学びを実現するために役立つことを願ってやまない。

首藤《しゅとう》　久義《ひさよし》

目次

第三章　言葉が育つプロジェクト単元 ―― 43

第四章　翻作のすすめ

第五章　国語学習の総合性――「二重カリキュラム」という見方――131

第一章

人間尊重の学習支援

学習の主体は学習者であり、
教育は学習を助けるものでなければならない。

第一節　同時同学習の問題

一　全員が同一歩調で進む同時同学習

国語科の授業には、ある固定的なイメージがある。それは、同じ内容、同じ方法、同じ進み方で一斉に進むというイメージである。

教科書所収の説明的文章を読む場合は、まずは全体を通読して初発の感想を書き、次には、文章全体を意味のまとまりごとに分けてその一つ一つを丁寧に読みながら、それぞれの要点を明らかにし、要点相互の関係を明らかにしたうえで、筆者が最も言いたいことを把握し、終末の感想を書いて終わる。

文学的文章の物語や小説の場合も、まずは全体を通読して初発の感想を書き、次には、作品全体をいくつかの場面に分けてその一つ一つを丁寧に読みながら、場面の情景や登場人物の心情を明らかにしたあとで、全文を読み直して、作者が最も言いたいことを明らかにし、終末の感想を書いて終わる。

作文の授業では、まずは全員が一斉に書く材料を集める。次には、全員が一斉に構成メモを作り、その構成メモを検討し合う話し合いをする。それが終わってからやっと、子ども一人一人が自分の作文を書き始めるというイメージがある。

そういう授業は、たとえて言うと、子ども全員が、教師が用意した通路を同一歩調で進むような授業である。学級の全員が、同じ内容、同じ方法、同じ進度で進むのである。全員が同時に同じ学習をするという意味で、それは、「同時同学習」と呼ぶことができる。

そんな授業の中で教師が子どもたちに「わかりましたか?」と問いかけると、子どもたちが一斉に「わかりました!」と答える。そうして授業が円滑に進む。教師による「わかりましたか?」の問いには、ある種の風圧がある。その問いに対して、「疑問があります!」「納得できません!」などと返すのは至難のわざである。

それでもあえて、そんな発言をする子がいないわけではない。そんな発言が出ると、教師の顔が曇る。子どもたちの間には、わきまえのない子だと非難する空気が漂う。いわゆる「同調圧力」である。その圧力で、授業が滞りなく進行する。あとには、割り切れない思いを抱いたままの子が残る。少なくとも私は、そういう子の一人であった。そして孤立していた。通知表ではいつも、「自己主張が強く、協調性に欠ける。」という評価をもらっていた。

二 新出漢字一斉指導の非効率

(一) 新出漢字一斉指導の問題

教科書どおりに進む授業では、初めて出てきた漢字(いわゆる「新出漢字」)を取り上げて一斉指導することがしばしばある。が、それは、効率のよい学習支援とは言えない。教科書で新出であっても、それが、子どもたち全員にとって新しく出会った漢字だとは限らないからである。

例えば、通学する学校名、自分が住む地域名、芸能人やスポーツ選手や歴史上の人物の名前、家族や自分自身の名前などに含まれる漢字、自分の趣味や特技に関する漢字などは、既に何度も出会っている可能性がある。その逆に、教科書で既出の漢字だからといって、すべての子がその漢字を習得しているとは限らない。

子ども一人一人にとって大事なことは、その漢字が教科書上の「新出漢字」であるかどうかではなくて、自分が習得しているかどうかである。言い換えると、どの漢字が「既習得」でどの漢字が「未習得」かが問題になるのであり、その習得状況は子どもによって異なる。つまり、学習が必要な漢字は、子どもによって異なるのである。そういう意味で、教科書上の「新出漢字」を全員に一斉指導することは、「同時同学習」の適切性が疑われる典型的な事例の一つである。

(二) 子どもに応じて方法を選ぶ

子ども一人一人に応じて、指導する漢字を変える場合でも、その方法が一律では、やはり効果的な学習支援にならない。

例えば、漢字に不得意な子が、部分的な誤りを含みながらもなんとか書いたとき、その誤りをいちいち指摘しないで、よくできたねと一緒に喜ぶことがふさわしい場合もある。その逆に、誤りを即座に指摘したほうが効果的な場合もある。あるいは、誤りやすい漢字だけを選んでカルタを作って遊んだり、クイズ問題を作って遊んだりするというような仕方が効果的な場合もある。

どういう支援がふさわしいかは、子ども一人一人をよく見て判断しなければならない。

三 お助けマンという名のお邪魔マン

一斉型の授業では、早く終わった子が待たされることがある。ただ待たされるだけでなく、「お助けマン」になって、まだ終えていない子の代わりに書いてあげたり、答えを考えてあげたりするように求められることがある。それが、「助け合い」として奨励されることがある。それで果たして、本当に、助け合うことになるだろうか。

書く力は、自分で書かなければ伸びない。問題を解く力は、自分で解く経験を通して伸びる。早く終わった子が、本人の代わりに書いたり、問題を解いたりすれば、見かけ上は助けたことになるが、助けられた子にとっては、経験を通して学ぶ機会を奪われたことになる。それだけでなく、自分はできないと思い知らされて、自己肯定感や自尊感情が損なわれることにもなる。「お助けマン」どころか、とんだ「お邪魔マン」である。

早くできて、ほかの子の代わりにしてあげた子には、してあげたという思い上がった気分が生まれ、自らの学びに真摯に専念するという、学習にとって最も大切な姿勢が損なわれるおそれがある。それでは、助けた子にとってもマイナスである。「助け合い」の美名によって助けられるのは、子どもではなく、予定の進度に合わせて授業を進めようとする教師ではないだろうか。

グループ学習の場合も同じである。グループ内で優位に立つ子が活動を占有して、ほかの子の活動の機会を奪うことが起きる。そうならないために教師は、グループ内の一人一人が、自分の持ち場をもち、それがほかの子におかされないように配慮する必要がある。子ども一人一人が、自分の学びに専念できるように配慮する必要がある。

四　発問誘導型読解授業の問題

日本の授業は、「単元」[(1)]というひとまとまりの学習活動を基本単位として計画されるのが通常である。その通例に従って、本書でも「単元」という用語を使って話を進める。

教科書所収の物語や小説を教材にして展開される発問誘導型の読解単元は、たいてい、次のような流れで進む。

①事前の教材研究で、最終的に到達すべき読解のゴール（正解）を明らかにする。
②単元全体を通しての時間配分や板書《ばんしょ》計画を立てる。
③教師が子どもに発問[2]し、子どもがそれに応じて発言するという話し合いを通して授業が進む。
④子どもの発言を教師が板書して整理し、子ども全員がそれを自分のノートに書き写す。だから、子どものノートを見れば、その単元の授業がどのように進んだかがわかる。
⑤そのようにして授業が進み、教師が用意したゴール（正解）に到達して終わる。

しかし、ここには、次のような諸問題が潜んでいる。

①子どもは文章を自分で読むのではなく、教師の腹を読む。教師の頭の中にどういう正解が用意されているかを探る。それでは、子ども自身の読みが大事にされない。
②そんな授業で行われる「話し合い」は、子ども同士が真摯に向き合う話し合いにならないで、教師が期待する方向を探って、いかに早くそれに近づくかを競い合う発言競争になってしまう。
③板書する教師は、発言する子どもに背を向けて、黒板に文字を書きながら、子どもの発言を聞いている。そこには、誠実に向き合って対話する姿がない。
④子どもの発言のうち、教師のねらいに沿った発言は、教師から好意的な反応を得る。あるいは、黒板のより高い位置により大きくより鮮明に書いてもらえる。教師によるそのごほうびが欲しくて競い

合って発言する子が出る。その発言競争にうんざりしている子や、ついていけない子もいる。そういう意味では、子ども一人一人が本当には大事にされていない。

⑤板書された文字をノートに写すことが義務になっている教室では、教師が説明したり指示したりしている最中や、ほかの子が発言している最中に、子どもたちが、黒板の文字を懸命にノートに書き写している。書き写している間にも、新たな発言や指示がなされるが、それと並行して、ノートに書き写す作業が続けられる。そうしないと間に合わないからである。板書をノートに書き写しながら、ほかの子や教師の発言を聞いて理解するのは至難のわざである。もし、どうしても黒板の文字を書き写すことが必要な場合は、教師も子どもも話すことを中断して、書き写すための時間を確保する必要がある。が、それがなされないまま、教師や子どもの発言が続き、それを教師が黒板に書き続け、その文字を子どもがノートに書き写し続けながら読解授業の話し合いが進むという風景が、これまでの教室によく見られた。そんなことでは、じっくり聞き合い、じっくり話し合い、じっくり考え合うことができない。

ここに示したような流れで進められる授業は、珍しい例ではない。あちこちの教室で、今も見られる。

第二節　同時異学習のすすめ——発想の転換

学習の内容・方法・素材などを選ぶ自由があり、学習のレベル・分量・進度が子どもによって異なってもよいとするのが「同時異学習」(3)である。ただし、それは、いつでもどこでもだれもが「異学習」をしなければならないというものではない。子ども一人一人にふさわしい学習が行われていて、結果として、複数人が同じ学習をすることになってもよいし、全員が同じ学習をすることになってもよいのである。

一　選ぶ自由、選ぶ責任

学級の子ども全員が、同一内容・同一方法で学習する「同時同学習」型の授業には、選ぶ自由がない。選ぶ自由がないところに、選んだ責任感は生まれない。

その逆に、例えば、複数のテーマや素材や方法が提示されて、子どもがそこから選ぶ授業には、選ぶ自由がある。そのような授業では、同じ時間帯に、子どもによって異なる学習がなされることになる。つまり、「同時異学習」が実現する。

「同時異学習」の授業には、選ぶ自由があり、選んだ責任が伴う。子どもが自分で選んだ場合には、それを選んだ責任感が生まれる。自分で選んだものについては、選んだ責任を自分で受け止めて、自分で何とかしようとする自律的な態度が生まれる。

自由と言っても、まったくの自由がよいというわけではない。実際の授業場面では、一定の制約があったほうがやりやすいことがある。

例えば、ただ単に「詩を作ろう」と言われるより、「夏休みの詩を作ろう」と言われると、「夏休み」が発想の種としてはたらく。

あるいはまた、「夏祭り」「浴衣」「麦わら帽子」「団扇」「そうめん」「アイス」「カブトムシ」「海水浴」「浮き輪」「キャンプ」「スイカ」など、複数の題材を提示して、そこから選んでよいとすると、題材が見つからないで困るというようなことがなくなる。それだけでなく、提示された題材例が連想の種としてはたらき、発想がさらに活性化する。

自由度をさらに広げて、教師が提示した題材例に限らず、題材を子どもが自分で考えてもよいとすれば、子どもにとって、責任感が強まるだけでなく、当事者感も強まり、内発性がさらに強まって、子どもの能動性が一層強まる。

二　共通の大枠の中での異学習

子ども一人一人が、自分が好きな歌を好きな数だけ選んで、学級愛唱歌集を作るという単元の場合、その単元には、学級愛唱歌集を作るという共通の大枠がある。その大枠の中で、どの歌を選ぶかは、子ども一人一人の自由である。その自由は共通の大枠の中の自由であり、そこで行われる異学習は共通の大枠の中での異学習である。

「乗り物ブックを作ろう」というテーマで、子ども一人一人が別々の乗り物を選んで、その説明文を書いたり、クイズを作ったり、図鑑を作ったりする場合、その学習は、同じ時間帯に子どもによって異なる学習活動がなされるという意味で、「同時異学習」である。

「同時異学習」が何か特別な別世界のものではないということを示すために、これまでも行われてきていた「同時異学習」的な単元例を列挙する。

①大判名刺　大判名刺を作って交換し合う単元の場合、全員にとって共通の大枠は、大判名刺を作るということである。しかし、それぞれの子が名刺に書く文字は異なるので、その部分が「同時異学習」になる。

②名言集　さまざまな名言の中から、気に入った名言を選んで、手作りの名言集を作る単元の場合、名言集を作るという共通の大枠の中で、子ども一人一人が異なる名言を選ぶことになるので、そういう意味で「同時異学習」になる。③以降については、何がどう異学習かをいちいち説明することをしない。

③読書案内　たくさんの読み物の中から、自分が案内したい読み物を選んで、その魅力を紹介する読書案内冊子やポスターを作る。

④自由読書　自由読書の時間に、好きなものを選んで、好きなように読む。

⑤創作　子ども一人一人が作家になったつもりで、好きなテーマ、好きなジャンルで創作する活動も、少なからず行われている。作る作品の数も自由、分量も自由ということもある。

⑥地域情報誌　子ども一人一人が別々のテーマを分担して一冊の地域情報誌を作る。

⑦身体運動の図入り解説書　体育科の授業で、マット運動、鉄棒運動、創作ダンスなどを学習する際に、子ども一人一人が、自分流の技を創作して、その図入り解説書を作る。

⑧**物語の朗読劇**　子どもたちが、登場人物、ナレーション、効果音などを分担して物語の朗読劇を上演する場で、一人一人が自分の担当部分を中心に活動する。朗読劇にする素材を、複数の物語の中から選ぶということにすると、分担部分だけでなく、朗読劇の素材そのものも異なることになる。

⑨**歴史新聞**　社会科の授業で歴史新聞を作る場合、どの時代、どの人物、どんな物、どんな出来事を分担するかによって、子どもの担当部分が異なってくる。

三　なぜ同時異学習か

私が「同時異学習」の導入を唱えるのは、学級の全員が平等に、同じ内容、同じ方法、同じ進度で授業が進まなければならないという固定観念——授業は「同時同学習」でなければならないという思い込み——から解放されようと呼びかけるためである。

もし仮に、子どもの興味・関心・能力・特性が全員同じならば、「同時同学習」でも問題はないだろう。しかし、そういうことは現実にはあり得ない。子どもの現実が、「同時異学習」を求めているのである。子ども一人一人にふさわしい学習を提供しようとすれば、「同時異学習」にならざるを得ないのである。

子どもは、がんばればできることに対しては意欲的になり、がんばってもできないことや、がんばらなくてもできることに対しては意欲的になれない。それは、子どもだけでなく大人も同じである。そういう点から考えても、学習の内容・方法・素材・レベル・分量・進度は、子ども一人一人に応じるほうがよいのである。

四　個別と一斉を使い分ける

授業の中では、全員に対して同時に同じことを説明したり、全員一斉に動いてもらったりする必要がある場合や、一斉にするほうが好都合な場合もある。

一斉に行うほうがよい場合の例としては、クラス全員に共通に伝えるべきことを伝える場合、招待した専門家の話を全員で聞く場合、歴史や自然などについての動画を全員で視聴する場合、全員にとって共通の話題について意見を書いたり話し合ったりする場合、ある名作の朗読を全員で聞く場合、全員が協力して行う活動について話し合う場合などがある。

要するに、一斉と個別と、どちらか一方を排除するのではなく、必要に応じて使い分ければよいのである。

第三節　言葉の自己教育——学ぶ主体は本人

人は、言葉を学ぶ潜在能力をもってこの社会に生まれ、言葉を使う人々と生活しながら、自分の言葉を育てる。それが、言葉の自己教育である。

人は何のために言葉を学ぶのか。言葉で伝え合う社会で生きるためである。その、生きる必要が、言葉を学ぶ原動力となる。

人は、まわりの人々が使う言葉を参照しながら、自分流に言葉を使ってみる。使ってみて、通じなければ修正し、再度使ってみて、通じなければまた修正し、通じればその言葉を自分の中に定着させる。そういう試行錯誤を繰り返しながら、人は、自分の言葉を育てるのである。それが、人が社会の中で言葉を学ぶ姿である。

その学びは生涯続く。子どもだけでなく、教師も学び続けている。生涯学習という長い目で見れば、子どもも教師も、共に、発達途上の人間同士である。

自己教育力を発揮して学び育つ子に対して、共に発達途上にある人間として教師がする仕事は、その学びと育ちをほんの少し助ける仕事である。その仕事をするうえで最も大切なことは、子ども一人一人の育ちのペースを尊重し、それぞれの子の発達の現状を肯定的に受け止めることである。そして、その子の長所を発見して喜ぶことである。それが最大・最善の学習支援になる。

第四節　国語学習を楽しく実りあるものにするために

国語学習を楽しくて充実したものにするために、どういう場を作り、どういう支援をすればよいであろうか。考えられる手立てを列挙すると、次のようになる。

①子どもが自分の目的を達成するために言葉を使う場がある。
②作ったり、演じたり、練習したり、調べたりする時間が、授業時間内に確保される。
③子ども一人一人にふさわしい支援が提供される。
④結果の出来栄えよりも、過程で成立する学習が重視される。

⑤優劣や順位が問題にされず、子ども一人一人の向上が認められる。
⑥子ども一人一人の違いが受け入れられ、一人一人が尊重される。
⑦子ども一人一人がよく理解されて受け入れられる。
⑧すべての子に出番がある。
⑨すべての子が、他の子に侵害されない自分の役割をもつ。
⑩子ども一人一人にふさわしい素材や参照資料が用意される。
⑪子ども一人一人の学びのペースが尊重される。
⑫誤りや失敗がとがめられたり嘲笑されたりしない。
⑬学校外での経験や学びが尊重される。
⑭学校の学習内容が学校外の生活と密接にかかわっている。
⑮教科書を活用するが、教科書にしばられない。教科書以外の学習材も活用する。
⑯すべての教科や教科外での言葉の学びが、尊重される。
⑰子どもが自由に質問できる。「わかりません」「できません」と言える雰囲気がある。
⑱教師が知らないことを知らないと言い、知っているふりをしない。
⑲教師が自分の考えや知識を押し付けないで、質問されれば親切に答える。
⑳教師が子どもの状況に応じて、計画を柔軟に変更する。
㉑教師が子どもの内部に潜む長所を見出す心と目をもつ。
思いつくままに、二一の項目を掲げたが、これがすべてではない。

第二章

学習と評価

教師がする評価は、子どもに優劣や順序を付けるためではなく、教師の学習支援を改善するために行われるべきである。教師がする評価には次の二種類がある。

①優劣や順位を明らかにするための評価

②学習者を理解するための評価

学習において最も重要なはたらきをする評価は、学習する子ども自身による

③省察的評価

である。

第一節　優劣や順位を明らかにするための評価

教育現場で行われる評価行為の中には、優劣や順位を明らかにするための評価というものがある。この節では、その種の評価の本質と問題点を明らかにしたい。

一　公平・公正な選抜試験

評価には、人や作品に優劣や順位を付けて選別するために行われるものがある。例えば、資格試験・入学試験・採用試験・各種コンクールなどがそれである。この種の試験は公平かつ公正でなければならない。だから冷たい。冷たいけれど、必要だから行われている。しかし私は、この種の評価が、日々の教室で子ども一人一人の学びを助けるために必要で役立つとは考えない。

残念なことではあるが、学校教育の現場には、子どもの優劣や順位を明らかにして、それを学習の動機付けの手段として積極的に使う教師がいるという現実もある。そういう教室では、子ども同士が常に競争相手となり、いつも競争を意識せざるを得なくなる。そういう教室に、子ども一人一人が自らの学びに専念し、子ども同士が共に育ち合うという、和やかで落ち着いた空気が生まれることはないであろう。

二　優劣や順位による動機付けの限界

小学生のころの私は、ほかの子より少しでも早く挙手し、少しでも多く発言してほめられたい子だった。

ほかの子が指名されるとがっかりし、その子が正解を言うと、「ああ、言われちゃった。」と悔しがった。そして、次は自分が！と意気込んで、ほかの子の発言が終わる前から「はい！　はい！」と声をあげて挙手していた。今もその癖が抜けきれていない。

小学生のころの私がほかの子より早く手を挙げることができたのは、与えられた問いについてじっくり考えることをしないで、その答えの手がかりがほんの少し見えた瞬間に挙手したからだった。その行為が、じっくり考えたい子の思考を妨げることに気付くことはなかった。

中には、「はい！　はい！」と発言を競い合う叫び声にうんざりしていた子がいたのではないだろうか。競争に参加することができないであきらめていた子がいたのではないだろうか。そんな場に、もう少し丁寧に説明してくださいとか、ゆっくり考える時間をくださいとか要求する余地が残されていただろうか。

優劣や順位を前面に出す授業では、すべての子の学習意欲を引き出し続けることはできない。力を尽くさないで上位を得る子は慢心し、その結果、誠実に学ぶ気持ちが鈍るだろう。がんばれば上位に届く位置にある子は、がんばるかもしれない。しかし、その可能性からほど遠い子は、あきらめてしまうだろう。いつも他の人と比べて自分を評価し、勝ったとか負けたとか、できたとかできないとか、早いとか遅いとか、優劣や順位ばかりを気にしていては、落ち着いて学ぶことができない。

優劣や順位を競い合わせる授業は、努力しなくても上位になれる子にはおごりと怠惰と退屈をもたらす。努力しても競争に勝てそうにない子には絶望をもたらす。中位の子で、はじめは競争に意欲を燃やす子がいたとしても、それ以上順位の向上が望めなくなれば意欲がしぼんでしまう。優劣や順位による動機付けだけで学習意欲を持続させるのは無理である。

とは言え、優劣や順位が気になるのは人の常。教室で学ぶ子どもたちもそうであろう。私もそうである。優劣や順位が気にならない教室の実現を願う私ではあるが、現実生活においては、今も、人より高い評価を受ければ嬉しくなり、人より低い評価を受ければ気落ちする。そんなとき私は、人と比べる気持ちをできるだけ忘れようと努める。そうすると、忘れた分だけ、焦りや不安が薄らぐ。そして、自分なりに学ぼうとする気力がよみがえる。

三 「全国学力・学習状況調査」の弊害

文部科学省は二〇〇七年度から、「全国学力・学習状況調査」という名のペーパーテストを実施している。その趣旨は、学習状況の実態を明らかにして、学校教育の改善に役立てようということである。ところが現実には、テストの得点が、地域や学校をランク付けしている。得点の上下が、全国各地の自治体で取り上げられて問題視されるようになってきている。その結果、得点が低かった分野への対策が教育課題とされて、その分野の教育が重点的に行われるようになるという現象が起きている。「全国学力・学習状況調査」という名のペーパーテストの結果が、学校教育の内容を左右するようになってきているのである。

国語教育が育成すべきは、生活に役立つ言葉の力である。その力は、つまり、生活国語力である。生活国語力は、生活や学習の場で実際に聞いたり話したり読んだり書いたりする経験を通して伸びるものであって、その大部分は、ペーパーテストによって測定できないものである。

なのに、ペーパーテストの成績によって学校教育の内容が左右されてしまうと、ペーパーテストで測定できる範囲外にある広範な生活国語力の育成がおろそかにされてしまうことになる。それが、「全国学力・学習状況調査」の副作用ともいうべき弊害である。

そのような弊害をなくすためには、調査そのものを廃止すればよい。廃止できない場合は、その得点を完全非公開にすればよい。それができないならば、全数調査ではなく抽出式の標本調査にして、全国各地の学校教育が得点によってランク付けされにくいようにすべきである。

四　目的によって変わる評価

次に示すのは、通常の授業で生まれた二つの作文例である。どちらも題名は「ドッジボール大会」である。

作品①

一年生だけのドッジボール大会をしました。
私たち一年一組は、最初は一年三組とやって勝ちました。
次は二回戦です。二組とやった。二組にも勝ちました。
今度は、いよいよ決勝戦です。四組とやった。四組にも勝ちました。
私たちが優勝しました。
優勝できて、うれしかったです。

作品②

三組と四組の対戦が、始まった。心臓がドキドキするのが、聞こえた。ぼくは、「勝つぞう。」と思った。
ぼくたち四組の内野が四人になったので、ぼくは内野に入った。ボールがぼくに回ってきた。ぼくは、「当たれ！」と叫んで、ボールを投げた。でも、三組に取られた。すごく残念だった。

ぼくのボールを受け取った人が、すごい顔をしてぼくをめがけて投げてきた。すごく速かった。ぼくは取った。ぼくはボールの勢いでころんでしまった。でも、ボールを、はなさなかった。

「死んでも、はなすものか。」

「やったあ。ボールを、はなさなかったぞー！」

今度は、さっきよりもっと速くて、もっと強い球を投げた。三組の人に軽く当たった。ぼくは、うれしかった。

この二つを比べてあなたはどう評価するだろうか。私が見た授業では、子どもたちから次のような発言があった。

「②は、①の二倍ほど長く書けていて、よい。」

「②のほうが、気持ちがよくわかるし、生き生きしている。」

「①のほうは、こんなにたくさんのことを書いているのに、短くしか書けていない。」

「②のほうは三組との試合のことだけなのに、こんなに長く書けている。」

子どもたちから出た声はどれも、**作品②**をほめる声だった。

しかし、ちょっと見方を変えて、もしこれが学級新聞に掲載される報道記事だったらどうだろう。**作品①**は、対戦した組や勝敗についての情報が簡潔にまとめられているのに対して、**作品②**のほうは、二倍も長く書いているのに、勝敗についての情報はなく、対戦した組についての情報はほんの一部しか出ていない。報道記事として見た場合には、**作品①**のほうが適切だと考えられる。そして、もし、これが学級新聞の体験談コーナーに寄せる文章ならば、**作品②**が生きることになる。

文章の評価は、何のための文章か、目的は何かによって変わるのである。

第二節　学習者を理解するための評価

教師による学習支援を効果的なものにするためには、学習主体である子どもをよく見て理解し、その理解の上に立って、子ども一人一人にふさわしい支援を工夫する必要がある。そのための評価が、学習者を理解するための評価である。学習者を理解するための手段として、数値化されたデータを重視する人がいる。しかし、言葉の力や思考力・探究力というようなものは、数値化できないものが大部分であるということを忘れてはならない。特に、感情や感覚など、数値化することに適さないものがあるということを、絶対に忘れるべきでない。

一　観察法

評価の方法は、ペーパーテストだけでなく、ノート、レポート、作品、アンケート、観察など、いろいろあるが、教師の学習支援を改善するために、いつでもできて、いつでも役立てることができる評価法が、観察法である。観察法とは、子どもの表情や動きや様子、発達状況や興味や特性などを、よく見て理解する評価法のことである。

㈠　評価の観点

教育の現場では想定外の出来事がしばしば起きる。評価の観点を事前に用意して、そこから子どもを見ようとすると、用意した観点以外のことが見えなくなるということになりやすい。観点を一〇項目用意すれば、一〇項目以外のものが見えなくなり、二〇項目用意すれば、二〇項目しか見えなくなる。評価の観点を、たとえ、一万用意しても、その一万の観点からはずれる出来事がいとも簡単に出現するのが教育の現場である。では、どうすればよいか。評価の観点をもたずに、子どもをよく見ればよいのである。

もし、何らかの必要があって、評価の観点を事前に用意しなければならない場合はすればよい。そして、事前に用意した観点にしばられないで子どもを見ればよい。

㈡　やる気や態度の観察評価

例えばある場面で、子どもが意欲的でないことが見えた場合に、それを成績評定の点数を減点する根拠とするのは、無意義である。意義がないばかりでなく、不当でさえある。学習する子どもに意欲的でない様子が見えたとき教師は、自らの態度や指導の方法を見直すべきである。そして、指導や支援の方法を改善すべきである。

㈢　観察の記録

観察したことは、すべて記録しなければならないわけではない。観察したことをすべて記録しようとすると、記録できるものしか見えなくなったり、記録できるものしか見なくなったりするということも起きかねない。

実際問題として、すべてを記録することは、時間と労力がかかりすぎて不可能である。もしたとえ、膨大な時間をかけて記録したとしても、子どもの姿は次の瞬間に変化するので、それをまた記録しなければならなくなる。そんなことができる人間は、この社会にいない。とは言え、私は、記録することがすべて無駄だと言っているわけではない。必要なことだけにしぼって、それだけを記録すればよい、と言っているだけである。

観察を補佐する便利な道具として、子ども一人一人の学習記録を適宜保存するファイルケースがある。医者が患者一人一人の診察・治療の記録を持っているように、教師も、子ども一人一人のためのファイルケースを持つようにするとよい。そのファイルケースに、観察メモ・写真・その子の作品の写しなどを入れて蓄積しておくとよい。それは、子ども一人一人の学習や成長の状況を理解するうえで、大いに役立つ。

二　評価の心

小学五年担任のある教師が、工藤直子の『のはらうたⅠ』(4)の中のいくつかの詩を、学級の子どもたちに紹介した。子どもたちは、それらの詩を音読したり、身体で表現したり、リズムを付けて踊ったりして、楽しんだ。そのあと子どもたちは、動植物や自然物の声を聞くために、メモ用紙を持って外に出た。学校の敷地には、草原や畑や運動場、小山や池、大小の木々などがある。そこで二時間ほど自由に過ごしながら子どもたちは、生き物や自然の声を聞いてメモした。教室に戻ってきた子どもたちは、そのメモをもとに、「のはらうた」スタイルの詩を作った。作った詩の数は、子どもによって異なる。全員の詩を掲載した詩集が印刷・

製本されて、子ども全員に配られた。

その詩集の中には、蟻や小鳥や亀、草や木、石ころや雲など、動植物や自然物の視点から表現されたすばらしい詩がたくさんある。その中に、ある子が書いた次のような詩がある。

ただわらっていいただけだった

ノコギリソウ　ナガオ

あそぶこと　ほとんどやったから
となりの　アリッサムとひょうたんに　話しかけたら
ただ　わらっていいただけだった

この詩を見た担任教師は、「あの〇〇君がこれを作ったと思うだけで涙が出る。」と言った。深くて広くてあたたかい心から生まれた評価の言葉である。

この評価は、学習指導要領に基づいて作成された評価尺度による客観的評価ではない。教師の主観による評価である。子どもの心をふくらませ、子どもの学びと育ちを支えるために役立つ評価は、こういうあたたかい心に裏打ちされた主観的な評価なのではないだろうか。

三　自分の目で見る

予想される子どもの姿を事前に想定し、その想定に基づいて評価尺度を作り、その尺度を通して子どもを見ようとする教師がいる。しかし、それでは、子どもの生きた姿が見えなくなる。現実の子どもは日々変わり、事前に想定できない姿が、いとも簡単に出現するからである。

事前の想定に基づいて作られた評価尺度を通して子どもを見ようとすると、用意された評価尺度に含まれない姿が見えなくなることがある。そんな尺度は脇に置いて、教師は、一人の人間として、心の目を開いて子どもを見るべきである。そうしなければ、子どもの生きた姿を見るという大切なことが、できなくなる。

教師も一人の人間である。人間に完璧な人はいない。そういう教師が、自らの不完全を自覚しながら、精一杯、誠実に、子どもに向き合えばよい。自分の目で、自分の心の目で、子どもを見続けていれば、その子の本音や本当の姿が見えてくる。そして、その子にどういう支援をすればよいかがわかってくる。

教師も人間だから、見誤ることがある。誤れば直せばよい。子どもを見る教師の目は、そういう試行錯誤を通して養われる。

そこで、忘れてはならない大事なことがある。それは、教師である自分の目が、自分の価値観を強く反映し、自分の価値観にとらわれた偏った目でしかないということである。自分とは異なる多様な価値観があるということを、教師は忘れてはならない。その謙虚さを忘れたとたんに、その教師は、自分の価値観に合わないものを排除する、傲慢で、偏狭で、非寛容な教師になってしまう。

四　子どもの長所を見る目が子どもの自己肯定感を高める

目の前にいる子どもにはその子なりの長所がある。その力や長所のレベルは、ほかの子と比べれば、低いかもしれない。しかし、ほかの子と比べないで、その子の力や長所を見ようとすれば、そのかけがえのない価値が見えてくる。それが見えれば、おのずと、子どもを見る目が肯定的になる。

教師の子どもを見る目が肯定的になれば、子どもの自己肯定感が高まる。自己肯定感が高まれば、今もっている力をのびのびと発揮できるようになる。発揮した自分の力を見て、子どもは自分の力を実感して、自己肯定感がさらに高まる。そして、さらに前向きになる。

五　評価は長い目で

あることを教えてすぐにテストし、次のことを教えてすぐにテストするというようなやり方は、教育と学習の関係を単純化し過ぎている。そういう見方をするから、さっき教えたのにもう忘れているとか、さっき教えたのにまた間違えたとかいうぼやきが出てくるのである。しかし、教えることと学ぶこととの関係は、そんなに単純なものではない。

学級の子どもたちに対して、一つのことを教えれば、全員がその一つのことを必ず覚えたり、必ずできるようになったりするというものではない。教えたことをすぐに理解する子もいれば、長い時間や、長い期間ののちに、いつか、ハッと理解できる子もいるというのが、学習と教育の現実である。それは、技能面についても言えることである。だから、長い目で見守る心が必要なのである。

六　個人差を受け入れる

子ども一人一人には独自の発達の事情というものがあって、それぞれが、それぞれの道筋を描きながら、それぞれのペースで発達する。そこに個人差が出るのは自然である。

しかし、個人差をなくすことに使命感を感じている教師にとっては、その個人差が気になるだろう。そういう教師の目には、学習の進度がみんなより遅れてしまう子も、みんなより先に進み過ぎる子も、どちらも困った存在に映るだろう。

しかし、個人差があるという現実を受け入れて、それぞれの子が自分のペースで学び育つことを大事にして、子ども一人一人にふさわしい学習支援をしようとするならば、その個人差は問題にならなくなる。

実際の授業場面で現れる個人差は、おおむね次の四分類のどこかに入る。

①丁寧で早い
②丁寧だが遅い
③早いけど粗雑
④遅くて粗雑

ただし、ある一人の子がいつでも、どこでも、この四分類のどこかに固定されているわけではない。学習の内容や方法、子どもの興味や必要感、その時の気分などによっても、子どもの姿は変わるものである。中には、何をやっても丁寧で早い子や、何をやっても遅くて粗雑という子がいる場合もあるだろうが、それも含めて、個性として受け止め、あるがままに受け入れるおおらかさが、効果的な学習支援には必要である。そのおおらかさが、子どもを救い、子どもの個性を最大限に生かすことになる。

七　子どもの誤りに気付いたら

(一)　誤り指摘のタイミングと方法

誤りを見つけては指摘する教師がいる。それは教師だけとは限らない。世の中には、子どもの誤りを見つけて指摘することが好きな大人があちこちにいる。

子どもが親にお祝いのメッセージを書いて渡したとき、「ありがとう！」の言葉をもらう前に、言葉や文字の誤りを指摘する言葉が返ってきたらどうだろう。子どもはがっかりして、もう何も書いてくれなくなるだろう。孫が祖父に手紙を出したら、誤りを指摘する赤字が書き込まれて戻ってきたという話がある。誤り指摘が、心の通じ合いを妨げる例である。

クラスになじまず、短い文章を書くこともできなかった生徒が、あるとき、誤字だらけの短い文章を書いたそうである。それを見た教師は、誤字を指摘することはしないで、「よく書いたなあ！」と声を掛けて一緒に喜んだそうである。それ以来、その子の表情が明るくなり、先生に対する親しみが深まり、クラスへのなじみも深まったそうである。明らかな誤りが見つかっても、見て見ぬふりをしたほうがよい場合もあるのである。

その逆に、大変に能力が高く、その方面に自信をもっている子の場合は、教師がその誤りに気付いたらすぐに指摘したほうがよい結果をもたらすこともある。そして、そのほうが子どもの学習意欲を高めることもある。

ただし、教師が誤りと認定したその認識が誤っている場合もあるので、誤り指摘をする場合は、その真偽を子どもと一緒に確認し合うというやり方をする必要がある。

(二) 教師も含めて人はだれでも間違う

人はだれでも、言い誤り、聞き誤り、読み誤り、書き誤ることがある。そして、そのことに自分では気付かないことがある。子どもも同じである。自分で気付かない誤りは、知らないままのほうが幸せな場合もあるが、知らせてもらったほうがありがたいこともある。知らせてもらう場合も、みんなの前で恥をかくようなやり方ではなく、個人的にこっそり知らせてもらったほうがありがたい。

教師から見て誤りと見えるものも、それが教師の勘違いに起因する場合もある。あるいはまた、教師が正しいと思っていることが誤っていて、子どものほうが正しいという場合もある。だから、教師が子どもの誤りを指摘する際には、子どもと教師が共に調べ、共に考え合い、協力し合って、より正しい知識や理解に近づくようにすることが大切である。それが、学ぶということの本当の意味を子どもに伝えることにもなる。

例えば、子どもが話したり書いたり音読したりしているとき、教師から見て、それは違うなあと感じられた場合、まずは、子どもにそのわけを聞いてみるとよい。そうすると、それが、教師の勘違いだったということが判明することがある。あるいは、子どもが自分で、「あっ、ここ違ってた。」と誤りに気付くこともある。そしてそれが、学びの絶好の機会になる。

教師と子どもの間に、知識や理解の不一致がある場合、子どもと教師が協力し合って、辞書や事典や参考書で調べたり、現物を見たり、現地に行ったりして、一緒に確認するとよい。その結果、教師の誤りが判明することがある。子どもの誤りが判明することもある。双方の誤りが判明することもある。

八　試行錯誤による学び

誤りを指摘され、失敗を注意され続けた子は、挑戦しないという安全地帯に逃げ込むようになる。何もしなければ誤りをおかすこともないし、失敗することもない。何かするにしても、新たなことに挑戦しなければ、誤りも失敗もない。教師に言われたことを言われたようにするだけにすれば、たとえ失敗したとしても、その責任は教師にあるのだから、自分で責任をとる必要がなくなる。自分で考え、自分で工夫し、自分で試みるという挑戦をしなければ、自分の責任で誤りをおかすこともなく、自分の責任で失敗することもない。

しかし、その安全地帯には、自ら挑戦し、自分の責任で誤りをおかしたり、失敗したり、成功したりする機会がない。一言で言うと、試行錯誤を通して学ぶ機会がない。挑戦すれば失敗もするし成功もする。失敗した場合は、自分の責任でその原因を考え、やり方を変えて再挑戦する。成功した場合は、成功した喜びを得るとともに、成功体験による学びが成立する。そこに、試行錯誤による学びが生まれる。試行錯誤による学びの機会を増やすためにも、教師は、子どもの失敗や誤りに対して寛容になる必要がある。

九　誤りに潜む発達のあかし

㈠　誤りの中の正しさ

子どもの言葉や文字は、たとえそこに誤りがあっても、その誤りの中に正しさが含まれていることがしばしばある。例えば、平仮名の「ろ」を〔ル〕と読んだ子がいたとしたら、みなさんはどうするだろう。「〔ル〕じゃないよ。〔ロ〕だよ。」と指摘したくなるのではないだろうか。しかしよく見てほしい。「る」と「ろ」の字形はとてもよく似ている。違いは二割ほどかな。そう考えると、そこに八割ほどの正しさが含まれているということが見えてくる。子どもの誤りの中に含まれる正しさというか、それまでに学んだ成長のあかしともいうべき部分が見えてくるのである。同様のことは、「め」と「ぬ」、「は」と「ほ」、「ね」と「れ」、「マ」と「ア」、「ラ」と「ウ」、「シ」と「ツ」、「ソ」と「ン」、「牛」と「午」、「人」と「入」、「矢」と「失」などについても言える。

ここで挙げた例は読み誤りの例であるが、書き誤りについても同様のことが言える。文字だけでなく、単語や文の読み書きについても同様のことが言える。読み書きだけでなく、聞いたり話したりする際にも、同様のことが言える。いずれの場合も、誤りの中に含まれる正しい部分を見つける心が、子どもの成長を喜ぶ思いを生む。その思いが、子どもに対するあたたかい表情や態度を生む。その表情や態度が、子どもに喜びをもたらし、子どもの育ちを支える。

(二) 創作的表記

文字を書き始めた子が、「いちご(苺)」を「一五」と書いたり、「行きました。」を「い木ました。」と書いたり、「ウルトラマン一号」の「号」を算用数字の「5」と片仮名長音符号の「ー」を組み合わせて「5ー」と書いたりするという話を聞くことがある。これらの表記は単なる誤りではない。一定の正しさが含まれていて、読もうと思えば読めて、意味も通じる。

これらの表記は、その子がそれまでに学んだことを生かして、伝わるような表記を工夫した結果として生まれたものである。そういう意味で、これは、その子が創意・工夫して生み出した「創作的表記」ということができる。それはそれで、子どもの挑戦の結果として、高く評価できるものである。しかし、いつまでもこのままでよいというわけではない。

すぐに指摘しないでおいて、長い目で見守っていると、まわりの人とのかかわりの中で、社会に通用する表記法で書くようになる。なぜなら、それがその社会に共通の約束事だからである。もし万一、いつまでたっても誤表記が続くようであれば、適切な機会を見つけて、こっそり知らせればよい。みんなの前で指摘して恥をかかせてプライドを傷つけるようなやり方は避けたほうがよい。

第三節　省察的評価

一　試行錯誤にはたらく省察的評価

人は何かをしようとして、実際にやってみてうまくいかなければ、どうすればうまくいくかを考えてやり直す。そうする経験を積み重ねながら、人は成長を続ける。そこに、試行錯誤による学びと成長が成立する。試行錯誤を効果あるものにするために必要不可欠なものが、自らの行動を省察し、その適否を、目的に照らして評価する感覚と認識と思考である。

目的達成を目指して活動する子どもは、自分が行っている活動の適否を、目的に照らして評価し、問題がなければそのまま進み、問題が見つかれば活動を修正する。この省察的評価は、子どもが自らの目的をもち、その実現を目指して活動する過程で、活動する本人の心の中に生まれる評価である。

プロジェクト単元における省察的評価のはたらきについては、第三章第四節の二「活動の過程ではたらく省察的評価」と三「活動終了後の振り返り評価」で詳しく述べる。

二　自分の満足が評価のよりどころ

子ども一人一人が、自分のペースで学び、自分のペースで向上することを楽しむようになると、評価のよりどころは、自分が満足できるかどうかということになる。では、自分が満足できればそれで終わりかと言うと、そうはならない。人は、満足したその次には、もっと上を願うようになる。低い段階にある子は、少しでも向上すれば満足し、それが喜びになる。そして次にはもっと高い段階をと願う。高い段階にある子にとっては、少々の高さでは満足できず、もっと高い段階を目指すようになる。それが、人間のさがである。つまり、自分が満足できるかどうかという評価基準(5)は、生涯にわたって変わり続け、人生のどの段階においても有効な評価基準として機能するのである。

三　心の中で行う省察的評価

活動中の自分を省みて評価することは、だれもが心の中で行っていることである。その省察的評価を、毎回記録したり報告したりする必要はない。活動途中で心の中に自然に生じる振り返り評価を、いちいち記録したり、いちいち報告したりしていては、活動に専念することができなくなってしまうからである。

省察的評価は心のはたらきである。心のはたらきは個人のプライバシーに属する。プライバシーは尊重されなければならない。たとえ教師であっても、心の中で生まれた評価を、正直に書いたり話したりすることを強制する権利はない。もし強制されれば、子どもは嘘かごまかしによって対応せざるを得なくなる。命じて言わせたり、命じて書かせたりすれば、子どもの心の中がわかると考えるのは安易過ぎる。そんな安易なことを考えて満足している教師は、心の機微がわかっていない教師である。

四　感想文による振り返り評価の問題

何らかの活動のあとに書かせる感想文を、振り返り評価の主要な手段として利用することも、これまでしばしば行われてきた。今も行われている。教師から、感想文（あるいは、感想メモ）を書きなさいと言われて、それを拒否できる子はほぼいないだろう。

しかし、心の中に生まれる本当の感想は、微妙・繊細なものであって、それを正確に言葉に表すのは至難のわざである。もし、正確に書こうとすると、大変な労力と時間がかかってしまって、提出時間に間に合わない。そこで子どもは、すぐに書ける方法を選ばざるを得なくなる。それが、感想文にありがちな、あの決まりきったパターンで書くという方法である。それが、「○○がよかったです。○○がわかりました。次はもっとがんばります。」というような、教師に迎合するパターンである。読むのは成績評価をする教師であり、書く時間が限られているので、そうなってしまうのであろう。そういうワンパターンの感想文を見て、今どきの子は感性が画一的であるとか、独創性がないとか評価するのは、的外れである。

ワンパターンの感想文でその場をしのぐ経験をすることは、適当にごまかす経験をすることになり、それが、誠実に学ぶ態度を損なう結果につながる心配がある。もっと深刻な問題は、簡単な言葉で表現できる感想しか浮かんでこなくなるという問題である。もし、子どもの感想を本当に大事にしたいと思うなら、それを言葉で表現することを強制しないで、そっとしておいたほうがよい。そして、感想は、書きたいときに書きたいように書けばよいとしたほうがよい。感想を口で言う場合も同じである。

第三章

言葉が育つプロジェクト単元

言葉の力は、実際に話したり聞いたり書いたり読んだりしなければ伸びない。とは言え、やらされていやいやながらするのでは、楽しくもなく、学習効果もあがらない。そういう受動的な学習から脱する方法の一つとして本章で提案するのが、「言葉が育つプロジェクト単元」である。

第一節　言葉が育つプロジェクト単元

一　子どもが目的達成を目指して活動する単元

「プロジェクト・メソッド」の提唱者として名高い米国の教育学者キルパトリックは、その著書『プロジェクト・メソッド』[(6)]で「目的ある行為」としての「プロジェクト」の学習上の価値を明らかにしている。その中でも特に、「目的達成を本気で目指す活動」と「本気で目指す目的」を重視している。[(7)]

同書でキルパトリックは、命じられて仕方なく凧を作る場合と対比して、自ら進んで凧を作るプロジェクトがもつ学習上の効果を説いている。その説明を要約すると次のようになる。

ある男の子が、よく揚がる凧を作りたいと思って、凧を作る行為を遂行するとき、その子は、よく揚がる凧を作るという目的に向かって、自分の責任で、計画し、準備し、失敗してはやり直すということを繰り返して目的を達成するという経験を通して、思考力や知識・技能が向上するだけでなく、自分への信頼も高まる。（同書八～一一頁から要約）

プロジェクトが有するこの価値を、日本の国語教育に生かそうと考えて、本書で提案するのが、「言葉が育つプロジェクト単元」である。ちなみに、ここで言う「プロジェクト単元」とは、プロジェクトによって構成される単元のことである。

二　コミュニケーションの相手

話し言葉によるコミュニケーションが成り立つためには、自分が話す言葉が相手に理解され、相手が話す言葉を自分が理解しなければならない。書き言葉によるコミュニケーションが成り立つためには、自分が書いたものが相手に理解され、相手が書いたものを自分が理解しなければならない。コミュニケーションの相手は、どの言葉が通じて、どの言葉が通じないかを知らせてくれる貴重な存在である。自分が使う言葉が相手に通じるかどうかを知るためには、相手がある場で、話したり聞いたり書いたり読んだりする経験を重ねる必要がある。だから、言葉が育つプロジェクト単元には、コミュニケーションの相手が必須である。

ただし､その相手はいつも目に見える個人だけとは限らない。友達や教師や両親など､特定の個人がコミュニケーションの相手になる場合もあるが、学級・学校・地域などの集団が相手になる場合もある。それだけでなく、マスコミ・ジャーナリズム・各種取扱説明書の場合のように、不特定の人々がコミュニケーションの相手になる場合もある。あるいはさらに、自分のためのメモや備忘録、私的な日記の場合のように、コミュニケーションの相手が自分自身になる場合もある。いずれの場合であっても、言葉が育つプロジェクト単元にとって、相手の存在は不可欠である。

三　プロジェクト単元で育つ自律性と人間関係調整能力

子どもが自らの目的達成を目指して、自らを省みながら、責任をもって行動するプロジェクト単元では、その経験を通して、責任をもって自律的に行動する人格が育つ。それは、いわゆる「指示待ち人間」とは正反対の人格である。

ある集団が共通の目的をもって協働的に活動するとき、共に活動する者同士の関係がうまくいかない場合もある。その場合は、自分たちの人間関係を振り返って見直し、どこに問題があり、どうすれば問題を解決できるかを考える。そして、人間関係を調整する。その経験を通して、集団で協働的に活動するために必要な人間関係調整能力が育つ。

第二節　言葉が育つプロジェクト単元の具体案

私が「言葉が育つプロジェクト単元」と考えているものはどういうものか、それを理解してもらうために、ここで、一四の具体案を示す。いずれも、私が見聞した実践や、実践者と共に考えた実践のうち、私から見て「言葉が育つプロジェクト単元」と思われるものを参考にして考えた案である。ただし、それを「プロジェクト」として受け止めたのは私であって、実践した本人が「プロジェクト」と意識して実践していたとは限らない。

一　絵本を作る

このプロジェクトで子どもは、ストーリーを考え、必要な数の絵場面を描き、その絵に添える文章を作成する。題名を考えたり、文字の形や色を工夫したり、表紙を作ったりして製本すると一冊の絵本ができあがる。奥付はぜひ付けたい。そうすると、自分が作者になって、一冊の絵本を世に送り出すのだという意識と意欲が高まる。その絵本に、まえがき・あとがき・目次を添えれば、学習上の効果がさらに高まる。絵本作りのための材料は、子どもが自分の記憶から引き出したり、人に聞いたり、文献資料を読んだり、インターネットで検索したりして集める。作る絵本は、物語絵本でもよいし、知識絵本でもよい。

オリジナルな創作絵本を作る場合もあるが、そうではなくて、何らかの原作をもとにして作る場合もある。その場合は、創作絵本ではなく、「翻作《ほんさく》絵本」ということになる。「翻作」(8)とは、何らかの原作をもとにして表現することである。翻作については第四章で詳しく述べる。

二　創作する

子どもが作家になったつもりになって、言語作品を創作する。読者としてはまだ見ぬ相手を含む不特定多数が想定され、だれが読んでもわかるように書こうとする意識がはたらく。が、まず思い浮かぶ読者は、この作品を最初に読む担任教師であろう。次が級友であろう。

作る作品の種類はいろいろある。詩・短歌・俳句・物語・紙芝居・小説・伝記・随筆・ノンフィクションなど、いろいろある。それらの中から、子ども一人一人が自由に選んで作ってもよい。あるいは、詩なら詩、物語なら物語というように、どれか一つのジャンルにしぼって、全員が同一ジャンルの作品を作ってもよい。

このプロジェクトで表現力が育つことは言うまでもない。取材源を、印刷資料・自分自身の経験・現地調査・インタビュー・インターネットなどに求めて、情報活用をすれば、情報活用能力も育つ。

作る作品の分量や程度は、子ども一人一人によって違ってよい。そうすれば、だれもが参加できるようになり、驚くほど多様な作品が生まれる。作った作品は、カードやポスターのような形にして掲示してもよいし、複数の作品を綴じた冊子にしてもよい。作品ごとに一冊に綴じてもよいし、学級全員の作品をまとめて一冊にしてもよい。ただし、新聞に掲載したり、作品集に収録したりする場合など、一人一人が使用できるスペースに限りがある場合は、その範囲内で書く必要がある。そのような制約があるところで書く経験は、目的や必要に応じた分量で書く能力が育つ機会になる。

三　未来新聞を作る

一〇年後、二〇年後あるいは一〇〇年後など、未来の日付を想定して架空の新聞を作る。その際、実際に発行されて流通している本物の新聞を参照することが、この活動を、学習として充実したものにするための鍵になる。

この活動が生む学習効果としては、次のようなことが考えられる。

①種々の新聞を参照することによって、目的や内容に応じる多様な表現方法を知り、それを活用する力が伸びる。

②話題や問題を見つける力、必要な情報を印刷資料やインターネットから検索して読み取る力、記事や作品を作って新聞に割り付ける力などを含む、問題発見能力・情報の収集・選択・加工・編集・発信能力が伸びる。

③現代・未来や過去の生活・社会・自然・文化についての認識や思考が深まる。

作る未来新聞の読者として子どもが想定する相手は、まずは、級友と教師であろう。が、それだけでなく、不特定多数の読者を想定して、だれが読んでもわかるように書こうとする意識もはたらくであろう。さらに、未来の自分自身も、読者の一人として想定するであろう。

同じ発想で、過去の歴史に取材して、架空の歴史新聞を作るというプロジェクトを構想することもできる。

四　見学の案内冊子を作る

社会科見学など、学校から見学に行く前に、見学案内冊子を作って、それを現地に持参して実際に利用する。この冊子の読者は、冊子を利用する自分自身であるが、それだけでなく、担任教師や級友も読者として想定される。

子どもは、各種印刷資料やインターネットなどを通して必要な情報を集め、それを加工して、案内冊子にまとめる活動をする。その経験を通して、必要な情報を探索して読解する力や、挿絵や写真を活用する力や、文章表現力などが伸びる。

作った冊子を現地に持参して利用すると、冊子に記載されている情報と現地の事実との食い違いに気付くこともある。冊子に収録されていない新しい情報が見つかることもある。そんな情報については、学校に戻ってから、案内冊子の補充修正版を作ればよい。そうすれば、さらに有益な学習になる。

五　アンソロジーを作る

何らかの基準で作品を選んで集め、それを書き写し、編集してアンソロジー（作品選集）を作る。集める対象としては、詩・短歌・俳句・名言・名文・エッセイ・名曲など、さまざまな種類の作品が考えられる。選ぶ対象によって、できあがるアンソロジーが「名詩選」になったり、「名言集」になったり、「名文集」になったり、「エッセイ集」になったり、「愛唱歌集」になったりする。

選ぶテーマや基準は、いわゆる「名作」に限らず、「子どもの～」「日本の～」「四季の～」「春の～」「不思議な～」「好きな～」「笑える～」「愛の～」というように、いろいろな切り口で選べばよい。あるいは、ユーモアのあるもの・好きなもの・自然を描いたもの・特定の地域にかかわるもの・特定の分野にかかわるものなど、自分が決めた基準で選べばよい。

書き写す用具は、鉛筆だけでなく、絵筆・毛筆・コンピューターなど、広い範囲から選ぶとよい。アンソロジー冊子のページを作る際に、文字の形や大きさや色などを工夫したり、イラストや紙面構成を工夫したりするとよい。どういうイラストを添えるか、どういう配置で並べるかを考える経験が、選んだ作品の内容や表現をさらに丁寧に見直す機会になる。

アンソロジー作りの学習効果としては、選んだり、書き写したり、挿絵や説明書や感想を添えたりする活動を通して、理解力や表現力が高まるという効果や、原作そのものへのなじみが深まるという効果などが考えられる。

選ぶ作品を探すときは、教師が用意した資料集だけでなく、教科書・副読本・新聞・雑誌・単行本・インターネットなど、いろいろな媒体に目を広げるとよい。探す場所も、教室内だけでなく、図書室、家庭、地域の図書館などに目を広げるとよい。そうすれば、この世に存在する情報に広く目を向けて必要な情報を探索する活動をすることにもなり、その面での学習効果も生まれる。

アンソロジーの読者としては、まだ見ぬ相手を含む不特定多数が想定され、だれが読んでもわかるように書こうとする意識がはたらくであろう。が、実際的にまず思い浮かぶ読者は、この作品を最初に読むと思われる担任教師や級友であろう。

愛唱歌集作りが音楽の学習になるということは容易に理解されると思うが、やり方によっては、言葉の学習、つまり国語学習としても充実したものになる。例えば、選んだ歌の歌詞を丁寧に書き写す活動を通して、歌詞の内容についての理解が深まったり、語彙がより豊かになったり、読み書きできる文字が増えたりするという効果が生まれる。そのうえさらに、選んだ歌の題名・作詞者名・作曲者名・歌詞などに使われている漢字や英語に読み仮名を付けたり、歌詞の中の難解語句に語句説明を付けたりする活動を加えれば、言葉の学習がより充実する。語句説明を考える際に、辞書・事典・参考書・インターネットなどで調べたり、複数の情報を比較検討したりすれば、その経験を通して、それらの媒体を利用する能力と情報活用能力が伸びる。

一風変わった工夫として、「題名を考える詩集」とでもいうようなアンソロジーを作ることも考えられる。その詩集に収められた詩の題名と作者名の欄が空白になっていて、題名と作者名の一覧表が巻末に収められているのである。この詩集では、まずは詩の本文だけを読んで、題名と作者名を推測し、それから、巻末の一覧表を見て題名と作者名を確認するという遊び方ができる。あるいは、その逆に、巻末の題名と作者名から、詩の本文を推測して遊ぶこともできる。そういう推測遊びを楽しむ中で、本文と題名と作者名との結び付きが強く印象付けられるという効果が生まれる。さらに加えて、収録している詩の第一行目を列挙した索引を追加してもよい。そうすれば、そこに収録された詩への親しみと理解がさらに深まることになる。

六　読書案内をする

いろいろな読み物の中から案内するものを選んで、その魅力・内容・特色・注目点などを紹介する。その方法には、ブックトークや、読書交流会、あるいは、チラシ・ポスター・カード・動画・作家との架空インタビュー記事を作って展示したり、手渡したり、スクリーンに映して見せながら発表したり、等々、いろいろある。案内する目的や相手に応じて、案内のスタイルを工夫するとよい。

この活動を通して伸びる言葉の力としては、選書能力・読解能力・要約表現力・作品の魅力を人々に書いて伝える力などが考えられる。

案内する文面の中に「詩が好きな君へ」「笑いの泉」「宇宙の不思議がわかる本」「生命の歴史を知りたいあなたへ」などというようなキャッチフレーズを添えて、案内する相手の目を引き付けやすくすることを通して、案内する読み物の特色を端的に表現する力も育つ。

選ぶ本の範囲をいわゆる「良書」に限らないで、漫画や絵本や図鑑や事典、あるいは、ゲームの攻略本など、趣味の本を含む多様な範囲から自由に選んでよいとすれば、子どものやる気がさらに高まるだけでなく、子どもの意外な読書傾向が見えてきたり、教師がそれまで知らなかった読み物の存在に気付いたりするという副産物も得られる。

七　大判名刺で遊ぶ

小学校入門期の生活科で広く行われる活動に、大判の名刺を作って遊ぶ活動がある。これは、小学校という新しい社会に入った同士が互いに親しみを深め合う活動として、小学校入門期にふさわしい活動である。この活動で子どもは、大判の厚紙に自分の名前を平仮名で書いた名刺を作り、互いに見せ合いながら挨拶を交わして遊ぶ。

子どもにとって、自分の名前は必要度・親近度・関心が極めて高いものである。級友の名前も、興味・関心の高い対象である。それゆえ、自分の名前を書き、級友の名前を読む活動を含むこのプロジェクトは、小学校入門期の文字学習の方法としても最適である。

自分の名刺を作る際には、できた名刺を相手に見せることがわかっているので、相手が読みやすいように、はっきり丁寧に、かつ魅力的に書こうとする気持ちが自然にはたらく。名刺には、好きなもののイラストやコメントを添えてもよい。

この活動は、平仮名を書いたり読んだりする学習への楽しい入門になる。それだけでなく、自分を再認識し、交流範囲を広げ、相手への理解を深めるという効果も得られる。その意味で、このプロジェクトで成立する学習は、国語科的であると同時に生活科的である。

子ども一人一人が書く平仮名は、それぞれ異なっているので、この学習で書き方が学ばれる文字は、子どもによって異なることになる。その点では、この学習活動は、「同時異学習」の形で展開される。

小学二年生の年度初めには、漢字を使って大判名刺を作って交流する活動をするとよい。その活動の場は、自分の名前の漢字を書く学習と、級友の名前の漢字に親しむ学習の場になる。ここで子どもたちが書く漢字の中には、学年別漢字配当表の枠外の漢字も含まれており、相手が読めない漢字が含まれていたり、特別な読み方をする漢字が含まれていたりすることがしばしばあるので、すべての漢字に振り仮名を付けるというルールを取り入れて、この活動を行うとよい。

小学校に限らず、中学・高校でも、互いに初対面の相手が集う場で、自己紹介カードを作って互いに紹介し合うプロジェクトを実施するとよい。それは、言葉や文字を通して互いに交流し合う場になると同時に、言葉や文字に関する学びの場にもなる。

八　「なりきり自伝」を作る

例えばキュリー夫人の場合は、

私の名前はマリア・スクウォドフスカ。一八六七年にワルシャワで生まれたの。四歳のころにはもう姉の本を朗読していたそうよ。のちに私は、キュリーさんと結婚して、「キュリー夫人」と呼ばれるようになったの。……

というような、架空の自伝を作る。架空とは言っても、まったくの空想ではなく、該当の人物の伝記そのものや、文献やインターネット上の関連情報を利用して書くのである。他の人物になりきって自分のことのように書くので、これを「なりきり自伝」と呼ぶ。

担任教師や級友が最初の読み手になるであろうが、書き手は、だれが読んでもわかるように配慮して文章や文字を書くことになる。この活動を通して育つ言葉の力は、情報を取捨選択して活用する能力、書く力、読む力などである。

九　愛読書語彙辞典を作る

子どもが、自分の愛読書の中で使われている語や句を解説する手作り辞典を作る。具体的には、愛読書の中で用いられている語や句の中から、解説したいものを選んで、その意味・用例・類義語・反対語などを記した辞典を作る。記述する事項をさらに増やして、選んだ語や句に含まれる漢字についての解説を加えてもよい。

辞典の原稿を書く際には、各種辞典や事典、あるいは参考書やインターネットなどで必要な情報を集めて利用する。

愛読書として選ぶ範囲を広くして、文学・知識読み物・各種解説書・漫画・雑誌・趣味の本などから選んでよいことにすれば、語彙辞典の対象にする書物が見つけられないで困るという子が少なくなる。それでも愛読書が見つからない子がいる場合には、その子の興味・関心に合うような書物を探す手伝いをするとよい。

辞典ができあがったら、展示テーブルに置いて、だれもが好きなときに読めるようにするとよい。人に読まれることがわかっていれば、人に見られても恥ずかしくないように丁寧に書こうとする気持ちがはたらく。

この活動を通して育つ言葉の力は、各種の辞典・事典、参考書やインターネットなどを利用して必要な情報を得る力、編集する力、読む力、書く力、語彙力、文字力などである。

同様の発想で、「愛読書漢字辞典」を作ることもできる。

一〇 カルタを作って遊ぶ

子どもたちが、なんらかのテーマや分野を選んで、その読み札と取り札のカルタを作り、作ったカルタで遊ぶ。選ぶテーマや分野は、さまざまなものがあり得る。例えば、童話・小説・ことわざ・四字熟語・漢字・文化・宇宙・地球・日本・地域・動物・花・古生物・乗り物・食べ物・音楽・美術・スポーツ等々、多種多様なものが可能である。

すべてのカルタを一人で作ってもよいし、グループで協働して作ってもよい。読み手として想定されるのは、作るカルタで遊ぶ可能性がある人すべてである。

この活動を通して育つ言葉の力は、参考書やインターネットなどを利用して必要な情報を得る力・編集する力・読む力・書く力・音読する力・聞き取る力などである。

例えば、漢字カルタを作る場合は、読み札が漢字の意味や字形や読み方のヒントになり、取り札がその答えになる。その具体例をいくつか示すと、次のようになる。【　】内は、取り札に書かれる漢字。

①「くノ一」と呼ばれることもあります。総画数は三です。【女】

②片仮名で読むと「ハム」になります。読み方は「おおやけ」と「こう」です。【公】

③部首は「さんずい」です。旁《つくり》は「毎日」の「毎」です。【海】

④ウ冠の下にきれいな玉があります。音読みは「ほう」です。【宝】

この活動では、自分が選んだ漢字について調べる活動が行われ、作ったカルタで遊ぶ活動では、さまざまな漢字へのなじみが深まる。

作るカルタの枚数は、二〇枚以上、一〇〇枚以内、というように幅をもたせれば、だれもが自分の能力に応じて参加できる。

一字一枚でひととおりの平仮名を網羅するというようなルールにしばられないで、同じ文字で始まる取り札が複数あってもよいし、五十音をすべて網羅しなくてもよいというようにすると、カルタ作りのハードルが低くなって、多くの子が参加できる。

多様な筆記用具や絵の具や色紙《いろがみ》などを利用して、挿絵や文字の大きさ・形などを工夫してもよいということにして、どうするかは子どもの自由意思に任せれば、創意・工夫する余地がさらに広がる。

二一　復元音読遊びをする

復元音読遊びではまず、説明文や物語や詩などの本文のどこかを空白にして書き写して、空白部のある、いわば、「穴あき復元音読テキスト」を作る。具体的には、

私には□がある。それは、いつの日か、ジョージア州の赤土の丘で、かつての奴隷の□□たちとかつての奴隷所有者の息子たちが、兄弟として同じテーブルにつ□という夢である。（後略）（キング牧師の演説より）

というような穴あきテキストを作る。

復元音読のための穴あきテキストができたら、ペアになった相手と交換する。そして、復元音読する人が、空白部分に入る語句や文字を推測して復元しながら音読する。テストではないので、復元音読する人が正しい復元にたどり着くまで、穴あきテキストを作った人が、原文を見ながらヒントを出し続ける。

勝ち負けや優劣を問題にしないで、空白部の前後の文脈から、空白部に入る語句を推測することを楽しんだり、ヒントを工夫することを楽しんだりして遊ぶ。

そのようにして遊ぶ過程で、復元音読テキストの原文や、その中で使われている語句への親しみが増し、理解がより多面的で深いものになる。そのうえ、相手の音読を注意して聞く力も高まる。この遊び全体を通して伸びると期待される力は、読み書く力や想像力・推測力・探究力・思考力などである。

この遊びは、素材にする文章の難易度を変えれば、どの年齢でもできる。

一二　スピーチ交流会をする

スピーチ交流会では、子どもたちが、スピーチを通して情報や思いを交流し合う。順位を競うコンテストにはしないで、交流することを楽しむようにしたほうがよい。そうすれば、情報交換や相互理解を楽しみながら、公的な場で発表する力を伸ばすことができる。

スピーチの話題は、「おすすめの本」「私の愛唱歌」「私の趣味」「気になったニュース」などの例を提示して、そこから選んでもよい。それだけでなく、自分で新しく考えてもよいとすれば、話題を見つけられないで困ることがなくなるだけでなく、自分で考えることもできるようになる。

スピーチの仕方は、実物を見せたり、歌や振りを入れたり、スクリーンに写真や図表を映したりするなど、多様な発表形態を工夫してもよいとすると、創意・工夫する余地が広がって、子どもの個性が発揮されやすくなる。

最初から立派なスピーチを目指すのではなく、まずは経験することが大事だと考えて、参加しやすいやり方を用意するとよい。そうすれば、経験を重ねるうちに、人前でスピーチすることへの抵抗感がだんだん少なくなる。

人前で話すのが苦手な子の場合は、スピーチ台本を読みながらスピーチしてもよいとか、聞き手の顔を見ないで話してもよいとか、何かで顔を隠してスピーチしてもよいとか、人形劇の人形が聴衆に話す形をとって本人は幕の背後に隠れてスピーチしてもよいとかいうような配慮をするとよい。

学校でよく行われるスピーチ学習では、例えば「三分間スピーチ」というように、時間を決めて行うことが多い。しかし、全員が一律三分とするよりは、「三分以内スピーチ」として、三分以内ならば、二分でも一分でも一〇秒でもよいとしたほうがもっとよい。そのほうが、その時々の子どもの都合や事情に応じやすくなるからである。

その「三分」という目安も、教師が一方的に決めるよりも、限りある時間内に全員がスピーチするには何分以内にする必要があるかを、子どもたちと共に考えたほうがよい。そのほうが、「三分以内」に収める工夫が、より主体的になされるようになる。

一三　声のキャッチボール遊びをする

子どもが、カードに自分の名前を書いて「名前カード」を作る。全員がそれを持って、校庭や体育館など広い場所に行く。そこで二つのチームに分かれ、互いに向かい合う形で横一列に並ぶ。チームとチームの距離を最初は一メートルほどにする。名前カードを相手チームと交換し、一人一枚ずつカードを持つ。それから、相手チームに向かって、自分が持っているカードの名を呼ぶ。呼ばれた子は「はい」と返事をし、自分が持っているカードに書かれている名前の子に向かってその名を呼ぶ。そのやり取りを互いに繰り返す。「声のキャッチボール遊び」とは、そういう遊びである。

全員が声のキャッチボールを済ませたら、次は距離をもっと広げる。それを何段階かしながら、声のキャッチボールを繰り返す。距離が離れれば離れるほど、声が大きくなる。距離が十分に離れたあとは、距離を縮めながら同じことを繰り返す。距離が縮まれば、声もそれだけ小さくなる。もし、耳元まで近づいて名を呼び合うならば、その声はささやき声になる。この経験を通して、距離に応じて声の大きさを調整する感覚と能力が養われる。

一四　試験への挑戦

検定試験・資格試験・入学試験・採用試験などへの挑戦も、本人が心から願って本気で挑戦する場合には、効果的なプロジェクトになる。

学習者は、自分が受ける試験の過去問題を調べ、その傾向を明らかにし、それに応じる対策を練り、計画を立てて実行する。試験勉強の過程では、勉強を続けながら勉強の仕方の適不適を点検し、必要に応じて修正する。

合格すればこのプロジェクトは終わる。合格するまでは、何度でも挑戦するので、合格までの期間が長くなる場合もあるし、すぐに合格して、短期間で終わる場合もある。あるいは、不合格であっても、挑戦をあきらめれば、このプロジェクトは終わる。

このプロジェクトで伸びる力としては、試験に必要な知識や技能、目的を設定し目的達成のために状況を分析して必要な対策を練る力、自分の行動を振り返って評価し、必要に応じて修正する力、目的達成を目指して粘り強く努力を続ける力などが考えられる。

第三節　プロジェクト単元の構造

一　単元を貫く目的意識

プロジェクト単元においては、学習者の目的意識（ゴールのイメージ）が単元展開の核となる。子どもの目的意識が、プロジェクト単元の始めから終わりまでを貫いて活動の指針となり、活動のエネルギー源となる。この目的意識は、活動を進める子どもが自らの活動の適否を判断するよりどころとしてもはたらく。

プロジェクト単元は、おおむね次のような流れで展開する。

①目的を明確に意識し、

↓

②目的達成を目指して（目的に照らして活動の適否を評価しながら）活動し、

↓

③目的を達成して終わる。

目的意識がやる気に火を付け、単元展開の始めから終わりまでを貫いて活動の指針となり、活動のエネルギーを供給し続ける。子どもは、目的達成を目指して活動する過程で、自らの活動を目的に照らして評価し、必要に応じて修正しながら活動を進める。

二　活動目的と学習指導上のねらい

プロジェクト単元を効果的なものにするために必要なものが二つある。それは、

①子どもの活動目的

②教師の学習指導上のねらい

の二つである。

「子どもの活動目的」とは、子どもが活動を通して達成しようとする目的である。子どもの意欲を高める

目的は、子どもが自分のものと感じられるような目的であり、子どもの興味や必要感を呼び起こす目的である。

その逆に、「作品の主題に迫る。」「要点をつかむ。」「主語・述語の照応に注意して書く。」というような、教師のねらいを下請けしたような目的では、子どものやる気を引き出すことができない。

「子どもの活動目的」と並んで大事なものが、「教師の学習指導上のねらい」である。それは、その単元でどういう学習を成立させたいかという、教師の願いでもある。単元の「指導目標」と呼ばれているものが、これである。

その二つの関係を具体的に説明すると、例えば、動物図鑑を作る単元の場合、「子どもの活動目的」は「動物図鑑を仕上げる」ということである。その目的を達成するために子どもは、必要な資料を調べて情報を集め、その情報を加工して、図鑑に仕上げるという活動をする。

「教師の学習指導上のねらい」は、子どもが動物図鑑を作る活動をする経験を通して、子どもの読み書き能力や情報活用能力が伸びるというところにある。それが、この単元の「指導目標」になる。この「指導目標」を子どもが知る必要はない。子どもは、自分の活動目的を明確にし、その達成に向けて、計画し、準備し、練習し、工夫しながら、自らの活動を進めればよい。

三　単元名の付け方

プロジェクト単元の単元名は、子どもの活動目的が一目でわかるようなものにすると、その単元の特徴がわかりやすくなる。

例えば次のようにするのである。【　】内は、教師の学習指導上のねらい。

①物語の朗読劇をしよう【物語に親しむ。読み書き話し聞く力が伸びる】
②詩画集を作ろう【詩に親しむ。読み書き能力が伸びる】
③図書の利用案内を作ろう【図書室を知る。読書に親しむ。読み書き能力が伸びる】
④お店屋さんごっこをしよう【経済や商業の基礎知識が増える。会話力が伸びる】
⑤学校探検地図を作ろう【学校を知る。調べる力や言葉や文字や図を使って発信する力が伸びる】
⑥ふるさとカルタを作ろう【自分が住む地域を再認識する。情報活用能力が伸びる】
⑦歴史新聞を作ろう【歴史に親しむ。読み書き能力や編集能力が伸びる】
⑧学校植物図鑑を作ろう【植物に親しむ。読み書き能力や描画力が伸びる】
⑨分数の文章問題を作って解き合おう【算数の力が伸びる。読み書き能力が伸びる】
⑩学級愛唱歌集を作ろう【歌に親しむ。読み書き能力が伸びる】
⑪料理のレシピカードを作ろう【料理に親しむ。読み書き能力や描画力が伸びる】

ここに例示した単元名はどれも「……しよう」と呼びかける形になっているが、この形にしばられる必要はない。例えば、「ふるさとカルタを作る」でもよいし、「ふるさとカルタ」でもよいし、「カルタで再発見！ふるさとの魅力」でもよい。

単元名は、教師が考えて決めてもよい。教師が提案し、子どもたちと相談して決めてもよい。活動の途中で単元名を変更してもよい。単元が終わってから単元名を再考して、よりふさわしい単元名に変えてもよい。そのほうが、活動も指導もしやすくなる。

第四節　プロジェクト単元における評価

一　評価の観点

単元の指導案を書く際には、指導目標を掲げ、その目標に対応する評価の観点を示すことが通常である。しかし、実際に授業をしてみると、事前に用意した評価の観点が役立たない事態がしばしば起きる。子どもの成長や動きは流動的かつダイナミックなものなので、実際にやってみると、予測と異なることがしばしば起きるからである。

しかし、学校教育現場で指導案を書く際には、事前に予測した評価の観点を書くことが求められる。ではどうすればよいか。事前に示す評価の観点は、「一人一人の実情をよく見て理解し、一人一人に必要な支援をする。」という一文で十分である、と、私は考えている。これこそ、評価と支援が一体化した評価の観点であり、どんな単元にも、どんな授業にも適用できる観点である。評価の観点はこのくらい骨太のほうが、教室で起きる実際の姿に、柔軟かつ適切に対応することができる。

二　活動の過程ではたらく省察的評価

子どもは、自分の目的を達成することを目指して活動する過程で、自らの活動を省察して、活動の適否を目的に照らして判断し、その判断に応じて自分の活動を修正する。その省察が、活動途中の省察的評価である。それが、目的達成を目指して行われる活動の過程で自然に起きるのである。それが、プロジェクトがもたらす最大の利点の一つである。

そういう省察的評価は、「リフレクション」とも呼ばれ、「セルフ・モニタリング」とも呼ばれ、「メタ認知」とも呼ばれる。それは、活動する本人の心の中に生まれ続ける評価である。評価して問題がなければそのまま進むし、問題が見つかれば活動を修正する。子どもがそのように活動する経験を通して、問題解決的な思考力が育ち、省察しながら行動する態度が育つ。

省察的評価をする主体は本人であるが、本人が見逃して気付かないすばらしさや魅力や長所があることもある。あるいは、本人が気付かない欠陥があることもある。それらに気付いて、適切な機会をとらえて本人に伝えることは、学習支援者としての教師の仕事である。それは、いわば、省察的評価を補い助ける仕事である。

三　活動終了後の振り返り評価

現在進行中の自分の活動を振り返る省察的評価は、活動の過程で行われて活動の調整のために役立てられる評価である。

それゆえ、活動終了後に全体を振り返って評価しても、その評価は活動修正に役立たないことになる。いわゆる「あとの祭り」になるからである。

しかし、活動が終わったあとの振り返り評価を、次の活動に生かされる評価として位置付ければ、それは、次の活動をより適切なものにするために役立つ評価になる。そのように位置付けて、活動終了後の振り返りを行えば、それは、学習と支援の改善に役立つ省察的評価になる。

四　教師が目指すのは結果の見栄えでなく、子どもの成長

なんらかの作品を作ることを目指して活動する子が、結果としてできあがる作品をよりよいものにしたいと願うのは当然のことであり、むしろ、必要なことである。なぜなら、その気持ちが、子どもの意欲を燃やし、工夫や練習のエネルギー源になり、自らの活動を評価するよりどころになるからである。しかし、教師が目指すのは、結果の見栄えではなく、活動を経験する過程で生まれる子どもの学びと育ちでなければならない。

教師が見るべきは、活動する一人一人の様子である。教師は、活動する一人一人をよく見て理解し、その理解に応じて、自分の計画を修正したり、支援の方法を修正したりしなければならない。そのように、学習支援の改善に役立てるために子どもをよく見て理解することが、学習支援改善に役立つ評価である。

第五節　言葉が育つプロジェクト、その六分類

キルパトリックは、目的のタイプによって、プロジェクトを次の四種類に分類している。[9]

①作る・演じる　②味わい楽しむ　③問題を解決する　④向上を目指す

この四分類に示唆を得て考えたのが、

①作る　②演じる　③解明する　④遊ぶ　⑤向上を目指す　⑥味わい楽しむ

の六分類[10]である。この一つ一つについて、以下、説明する。

一　作るプロジェクト

手紙・絵本・詩集・新聞・各種報告書・チラシ・ポスター・しおり・その他さまざまなものを書いたり作ったりするプロジェクトである。

その活動を通して伸びる言語力は、主として書く力である。書くためには、読んだり、聞いたり、話したり、話し合ったりすることが必要になることがあり、それらの活動をする場合は、それらの力も同時に伸びることになる。

オリジナルな作品を作ることもあるが、他の人が作った原作をもとにして翻作することもある。翻作することは表現することなので、翻作する経験を通して表現力が高まることは言うまでもないが、表現の素材として原作に丁寧に向き合うことを通して、原作に対する理解も深まり、原作の内容や形式へのなじみが深まる。原作の内容や形式へのなじみが深まるということは、先人の文化を継承することになり、それが、次の理解・表現に役立つ素養となる。

翻作活動は、作る・演じる・遊ぶなどのプロジェクトに組み込まれて行われることが多い。翻作については、次の第四章で詳しく説明する。

二　演じるプロジェクト

朗読劇・舞台劇・人形劇・紙芝居などを演じるプロジェクトである。

この活動を通して伸びる言語力は主として話す力であるが、演じるために読んだり、聞いたり、書いたりする場合は、その力も伸びることになる。

演劇を学習指導に導入した場合に起きやすい弊害の一つに、教師が演技指導に熱中するあまり、演技指導が過剰になったり、子どもを操り人形のようにあつかったりするという問題がある。あるいは、子ども同士の優劣を論じたり、うまく演技できない子を排除したりして、子どもの心を傷つけるようなことをする教師が出てしまうこともある。これは、コンクールへの上位入賞を目指す教師が特に陥りやすい問題である。そんなことになったのでは、だれのための教育なのか、だれのための学習支援なのかわからなくなってしまう。

演じる活動を教育に導入するのは、子どもたちが何らかの作品を上演することを目指して、作品を読み込んだり、練習したり、表現を工夫したりする過程で、読みが充実したり、理解力や表現力が高まったり、総合的な言語力が伸びたりする効果を得るためである。優先すべきは、結果の見栄えではなく、過程における学習の充実である。

しかし、子ども自身が、よりよい出来栄えを目指すことは当然であり、むしろ必要なことである。なぜなら、その気持ちが意欲を燃やし、工夫や練習のエネルギー源になり、自らの活動を評価するよりどころになるからである。

三　解明するプロジェクト

問題やテーマについて、調べたり考えたりして、探究的活動をするプロジェクトである。

取り上げる問題やテーマの具体例としては、

①通学路にはどんな危険があるか

②夏休みの宿題は必要か

③睡眠時間はどのくらい必要か
④赤ちゃんはどうして生まれるか
⑤動物と植物の違いは何か
⑥インターネットの活用法

など、いろいろ考えられる。子どもたちと話し合えばもっと見つかるであろう。

解明する活動を通して育つ力としては、問題発見力、問題解決的思考力、情報の収集・整理・加工・発信力などが期待される。発信・発表の媒体としては、報告書・小冊子・チラシ・ポスター・新聞・インターネット・口頭発表など、いろいろ考えられる。

何らかの問題や課題の解決を目指して、必要な情報を実地調査やインタビューや文献やインターネットなどを通して収集し、話し合ったり考え合ったりして、結果を文書にまとめ、口頭で発表する単元には、解明する活動だけでなく、作る・演じる活動が含まれていると見なすことができる。

四　遊ぶプロジェクト

遊ぶことが目的のプロジェクトである。このプロジェクトに含まれる遊びには、次の三種類がある。

①言葉遊び・文字遊び
②カルタ遊び
③お店屋さんごっこなどのごっこ遊び

いずれも、他者と協働する態度や能力、コミュニケーション能力などが育つ機会になる。

(一) 言葉遊び・文字遊び

言葉遊び・文字遊びには、しりとり・早口言葉・回文(たけやぶやけた)・文字絵(へのへのもへじ)・漢字計算(八+刀=分)・アクロスティック・クロスワードパズルなどがある。

言葉遊び・文字遊びの学習効果としては、言語そのものへの関心を高めたり、知識を広げたり、語彙を豊かにしたり、言語感覚を養ったりする効果などが考えられる。

(二) カルタ遊び

カルタ遊びでは、環境や民話や地域をテーマにしたカルタを作り、そのカルタで遊ぶ。

その経験を通して伸びる力としては、情報を収集・加工して発信する力、相手に届く声で音読する力、必要なことを聞き取る力、語彙力などが考えられる。

(三) ごっこ遊び

ごっこ遊びは、例えば、お店屋さんごっこやお手紙ごっこなどである。この遊びには、作る活動や演じる活動が含まれることが多い。

ごっこ遊びを通して伸びる言葉の力としては、言葉や文字を通したコミュニケーション能力などが考えられる。

見方によっては、学校における学習活動の多くは「ごっこ遊び」と見ることができる。例えば、詩を作るときには詩人ごっこを、小説や童話を作るときには作家ごっこを、新聞を作るときには新聞記者ごっこを、実験や調査をしてそのレポートを書くときには科学者ごっこをしていると見ることができる。学校の学習活動をそのように見ると、遊び心をもって学習活動を楽しむことができやすくなる。

五　向上を目指すプロジェクト

知識・技能などの向上や、知識・技能に関するランクアップを目指すプロジェクトである。例えば、○○検定のより上級の等級に合格することを目指すことも、それを自ら計画して実行する場合は、効果的なプロジェクトになる。ただしこのプロジェクトは、強制されてする練習やドリルとは区別する必要がある。このプロジェクトが機能して学習の成果があがるのは、学ぶ本人が強く望んでこれに取り組む場合だけである。

六　味わい楽しむプロジェクト

文学や説明文を含めて、多様な作品を読んだり聞いたりして、その味わいを楽しむ（鑑賞する）プロジェクトである。

(一)　鑑賞は内面活動

鑑賞している姿を外から見ると、活動していないように見えるかもしれないが、鑑賞するその心は極めて活発に動いている。だから、これも味わい楽しむという目的実現を目指す内面活動として、「プロジェクト」の一種と見ることができる。このプロジェクトで育つと考えられる力は、鑑賞力・批評力・理解力・想像力などである。

このプロジェクトを成功させるために指導者がすべきことは、子どもが喜びそうな作品を探して、それらの作品と子どもとの幸せな出会い[11]を工夫することである。作品を探す役割を指導者がするだけでなく、子どももするようにすると、さらに豊かな出会いが生まれる。教師自身が気に入った作品について語ることも、大いにすればよい。ただし、それを、模範例として語るのではなく、一人の人間の体験談として語るのである。それが、子どもと作品との新たな出会いを生むきっかけになることがある。

出会う作品の範囲は、いわゆる「良書」に限らないで、文学作品・知識読み物・漫画・雑誌・趣味の本など広い範囲から選べば、作品との幸せな出会いにつながる可能性が広がる。

味わい楽しむ場でぜひしたいことは、感想を発表する義務をなくしたいということである。そうすれば、感想をどう言おうか、どう書こうかと心配することなく、安心して作品を味わうことができるようになる。感想を交流したい子は、したい子同士ですればよい。それを授業時間内にする場合は、授業の中で交流会を設ければよい。ただし、その交流会への参加は自由とし、参加しない子は、ほかの学習をしてよいということにすればよい。そうすれば、子ども一人一人の気持ちをさらに大切にすることになる。

なお、味わい楽しむ心は、このプロジェクトの中だけではたらくわけではない。作ったり演じたりする活動の途中でも、味わったり楽しんだりする心がはたらく。

(二) 感じる自由と読まない自由

味わい楽しむために大切にしなければならないことがある。それは、感じる自由である。その中には反感をもつ自由も含まれる。その自由がないところでは、味わうことも楽しむこともできない。好きだと感じたり、嫌いだと感じたり、共感したり、反発したり、批評したり、疑ったりする自由があってこそ、心から味わい楽しむことができる。ある文章を読んで、人がどう感じるかは、その人の、感性・理性・知性など、人間性のすべてに由来するものである。その感じ方を外から強制することは、その人の人格の尊厳を侵害することになる。

自由に味わい楽しむことは、これまでも、いわゆる「自由読書」の時間に行われていた。自由読書の時間では、ある作品を読んでいていやになったら途中でやめてもよいし、ほかの読み物を探してもよい。自由読書では、それが許されていた。

もう一つ付け加えなければならない大切なことがある。それは、読まない自由である。もし仮に、読む気がない子をつかまえて無理矢理読ませても、その子が本当に読むかどうかまでも支配することはできない。読むことは極めて内面的な心のはたらきだからである。読むことが強制される場で人は、読むことを楽しむことができない。読まない自由がある場でこそ人は、読むことを本当に楽しむことができるのである。

第六節　単元と年間計画は教師が作る——まずは教科書を活用

一　検定教科書を参照して単元を作る

単元を作るのは教師である。単元をどう作ればよいかわからない教師は、検定教科書の単元を参照して自分の単元を作ればよい。仮に、二人の教師が教科書をそっくりまねて単元を作っても、その二つが同じものになることはない。教師が違い、子どもが違うからである。自分の単元を、教科書そっくりに作ってもよいし、自分なりに修正して作ってもよい。まったく新しく作ってもよい。どう作るかは自由である。

自由とは言っても、まったくの自由ではない。全国共通の大枠の中での自由である。その大枠を示しているのが学習指導要領であり、学習指導要領に準拠して作られているのが検定教科書である。つまり、検定教科書には、共通の大枠に沿って、教材例や活動例が示されているのである。それを参照して、単元を作ったり、年間指導計画を作成したりすればよい。そういう経験を重ねる中で、自分流の単元や年間指導計画を作る力が養われる。

二　教科書にしばられないで活用する

検定教科書は全国共通である。そのため、自分が住む地方や地域、学校や学級の実情に合わない点が出てくることは避けられない。その弱点を補うには、教科書所収の単元を、自分が住む地方・地域・学校・学級の実情に合うように修正したり、教科書にない単元を新たに作って補充したりすればよい。

検定教科書は時間をかけて作成され、一定期間継続して使用される。そのため、タイムリーな話題は採用されにくい。それも、検定教科書がもつ弱点の一つである。その弱点を補うためには、教科書で取り上げられていない話題であっても、タイムリーな話題が出てくれば、それを取り上げて単元を作ればよい。

単元作りの参考になるものは、自分の地域で採用されている教科書だけではない。他の出版社が出している教科書や、教科書以外の書籍や雑誌に見られる解説や実践記録なども、単元作りの参考になる。

三　計画はおおまかに、運用は柔軟に

効果的な学習支援を実現するためには、年度当初に年間計画を立てて、年間の見通しをもつ必要がある。が、その計画はおおまかなほうがよい。実際の運用においては、進み具合や必要に応じて、計画を修正すればよい。そのほうが、想定外の出来事に柔軟に対応できる。年度当初の計画に入れてなかった単元でも、途中で、適切と思われる単元を思い付いた場合は、計画していた単元と取りかえて行えばよい。

実際の指導や支援は、計画どおりにならないことがしばしばある。学習主体である子どもの状況が想定を超えて変わることがあるからである。それだけでなく、予期せぬ不都合が起きたり、予想もしなかった好材料が現れたりするというように、外的な事情が変わることもしばしばあるのが現場である。だから、実際の指導や支援は、子どもや外的環境の動きを見ながら、必要に応じて修正するということを前提にして進めたほうがよい。そのほうが、現実に応じる指導や支援ができて、より充実した学習が実現する。

年度の途中で振り返ってみて、足りない部分があれば、その後の単元で補充するように計画を組みかえながら、年度全体を通してひととおりの目標が達成できるようにすればよい。

それは、年間計画だけでなく、一つ一つの単元展開の仕方についても言える。単元を進めていてうまくいかないことがわかったら、途中で単元をやめてもよい。そして、別の単元を始めてもよい。効果的な単元とは、そういうものである。

四　単元に固定的な型はない

単元のイメージを、固定的な型としてとらえようとすると、その本質を見失う。

私が思いえがく単元のイメージは、多様多彩である。好きな名言を選び、出典とコメントを添えて、一人一枚以上のしおりを作って一時間で終わるようなミニ単元から、数週間あるいは二、三カ月も続く大単元まで含んで、多様多彩な単元がある。

細く長く継続する帯のような単元（いわゆる「帯単元」）もあれば、月に一回ずつ飛び飛びに、まるで飛び石が続くように実施される単元もある。それを私は「飛び石単元」と呼んでいる。

単元は、活動のひとまとまりであり、活動はそのつど生まれ、そのつど消える。単元の本体は活動である。その活動は、形を変えながら動き続ける。活動が終われば消えてなくなる。あとに残るのは記憶と記録だけである。

どんなにすばらしい単元の記録でも、記録されてそこに在るのは、単元の影ばかりである。先達が行った単元を、そっくりそのまま再現することは不可能である。なぜなら、子どもが違い、教師が違うからである。

先達による実践記録を読んで、その形をそのまま行うのは賢いやり方ではない。先達の実践記録をすべて読んで、それを全部覚えようとする必要もない。大切なものは覚えようとしなくても心の底に焼き付いて残る。それが、必要な時に必要なタイミングで再現されてくる。それを役立てて自分の単元を計画し、自分流に実践すればよいのである。

五　思い付きに宝がある

単元を「思い付き」でやってはいけない、と言う人がいる。しかし、私はそうは思わない。「思い付き」は、教師が子どもたちと日々付き合う中でふと生まれるものである。それは、教師の目に映った子どもの姿・子どもの思い・子どもの興味・子どものニーズなどと、教師の願いや思いが、絶妙にかけ合わさって生まれた「ひらめき」である。そんな大事な宝物を、「思い付き」だからという理由で、捨ててしまうのはもったいない。

第七節　ドイツで見たプロジェクト

キルパトリックが「プロジェクト・メソッド」(6)を提唱したのは一〇〇年ほど前のことであるが、今では、英語圏の学校で広く「プロジェクト（project）」が実践されている。私が二〇〇三年に、ドイツのアーヘン工科大学ドイツ語研究所客員研究員として、半年間滞在したドイツ国アーヘン市で訪問した学校では、「プロイェクト（Projekt）」という呼び名で、プロジェクトが広く実践されていた。そのいくつかを紹介する。

一　自分の好きなテーマで本作り

公立小学校第四学年のある学級では、各自好きなテーマで、インターネットを含むさまざまな媒体を活用して情報を集め、各自一冊ずつ本を作るというプロジェクトが実施された。その学校には一台の簡易製本機があって、それを各学級で借り出して製本していた。本作りや新聞作りは、この学校ばかりでなく、ほかの学校でも盛んに行われていた。このプロジェクトで育つ言葉の力としては、読書力・読解力・表現力・情報活用能力などが考えられる。

二　ドラゴンをめぐって総合的に活動

公立小学校第二学年のある学級では、ドラゴンにかかわるさまざまな本を読んだあとに、ドラゴンの創作人形劇を作って、他の学級の子を招待して上演するというプロジェクトが行われた。このプロジェクトで育つ言葉の力としては、読む力・書く力・演じる力などが考えられる。

三　生命誕生をめぐる大プロジェクト

公立小学校第二学年のある学級では、生命誕生をテーマとするプロジェクトが展開された。二カ月間ほど続く大プロジェクトである。このプロジェクトでは、人や動物の生命誕生について、さまざまなことを調べ、さまざまな作品を作ったり演じたり、体験したりという総合的な活動が展開された。

唯一の共通教材が、赤ちゃんの誕生と性をテーマにした漫画絵本だった。その漫画絵本の内容は、母親の妊娠を機に親子の間で性交のことを含むまじめな対話がなされて弟が誕生するまでの物語である。子どもたちは、この絵本を音読したり、それぞれの場面で立ち止まって、関連する単語を調べたり、関連図書を読んだりした。この絵本を中心にして学ぶ時間は、プロジェクト全体にかける時間の半分弱であった。

この漫画絵本の中には、受精卵が細胞分裂して二倍ずつに増えていく場面がある。その場面を読む際に子どもたちは、算数のノートを出して、卵が二倍ずつ増えていく絵を描き、その絵の横の空白部分を使って掛け算の筆算をしていた。その間、教師は、子ども一人一人のノートを見て回っていた。

この絵本の、胎盤とへその関係が出てくる場面では、子どもたち同士が向かい合って自分の上着をたくしあげ、互いのへそを見せ合っていた。

ある時は、教師が生命誕生にかかわる物語絵本を持って、子どもたちと一緒に外に出た。そして、心地よい緑の中で輪になって座り、教師による読み聞かせを聞きながら、語り合った。

教室には、そのほか、子どもの乳児期の写真や衣類の実物、五〇冊くらいの参考図書や、手作りの動物絵カード（説明付き）などが用意されており、子どもたちがそれをもとに調べたり書いたりする活動をしていた。ちなみに、当地の公立小学校の教室は日本の小学校の教室よりも広く、学級定員が二四名なので、豊富な学習資料を置くのに十分なスペースがある。

このプロジェクトの最後には、教室の床に遊具や大型絵本を並べた空間を作り、そこに赤ん坊と母親の三組を招いて一緒に遊ぶというイベントが行われた。そこには、看護師をしている担任教師の妹も応援に駆けつけていた。

このプロジェクトの全過程で教師は、調べたり書いたりして作業を進める子ども一人一人のそばに寄り添って、単語の綴りや語彙や文法その他に及ぶ丁寧な個別支援をしていた。総合的な活動の場で基礎的な事項にかかわる確かな個別支援が行われる様子がそこにあった。それは、当地のあちこちの公立小学校で目撃した様子と同じであった。

このプロジェクトで育つ力としては、文字・語彙・計算・読書・読解・表現・情報活用の力など多様な力が考えられる。

ちなみに、当地では、「言語」「算数」「社会」「理科」「事実」など、各教科の配当時間数が別々に示されておらず、「言語」（日本の「国語」に相当）「事実」（日本の「生活」「社会」「理科」「総合的な学習の時間」に相当）「算数」「促進授業」の四つの合計した週当たりの時間数が、例えば第一学年では一一～一二時間（一学校時間は四五分）というように示され、「図工」「音楽」「体育」「宗教」などへの配当時間は、第一学年で二時間ずつ教科別に示されていた。配当時間数は、学年が上がるにつれて少しずつ増える。それも、「言語」と他教科とを総合的に学ぶプロジェクトを実施しやすい条件の一つになっている。

四　「宗教」の授業で詩を翻作《ほんさく》

公立小学校第四学年の「宗教」の授業（ドイツの公立小学校では「宗教」が必修）で行われた、一時間で終わるミニプロジェクトである。メインの学習材は「光と影」という詩だった。その詩は、「神」という名詞の前後に「明るい・暗い」「大きい・小さい」など対義の形容詞を配置するという構成の作品である。

子どもたちは、その詩を音読したり、詩の意味を考えたり、その詩をもとに、対になるいろいろな形容詞を選んで、一人一人が自分流の詩（翻作詩）を作った。子どもたちが作った翻作詩は、どれも、人生や社会や自然の、明るい面と暗い面を対比して表現する作品になっていた。

このプロジェクトで育つ言葉の力としては、読む力・書く力・話す力・聞く力などが考えられる。言葉の学習だけでなく、人生や社会や自然について考え合う学習になったことは、言うまでもない。

五　『愛がいっぱい』という名の本作り

私がある公立小学校の客員教師として第四学年で実践したプロジェクト単元である。その単元で子どもたちは『愛がいっぱい』という本を作ったり、日本語の簡単な会話をしたりする体験を通して、国際理解の学習をした。

その単元は次のように展開した。まず、子ども一人一人が、自分が大好きなものの絵を描き、ドイツ語や日本語でコメントや情報を添えて、一人一枚の紙面を作った。次に私が、その紙面全員分をまとめて一冊の本に編集し、印刷・製本して『愛がいっぱい＝Ein Buch voller Liebe』という題名の本にして、子ども全員にプレゼントした。そのあと、子どもたちは、その手作り本を利用して、日本語の簡単な対話体験をした。対話の内容は、私が児童一人一人のところに行って、日本語で「あなたは何が好きですか?」と問いかけ、子どもが日本語で「わたしは○○が好きです。」と答えるというものであった。私は個別練習のための時間を設定し、その間に子ども一人一人と対面して、その練習を支援した。

このプロジェクトでは、文字や語彙の力・絵や言葉で表現する力が育ち、外国語としての日本語に出会い、自国語（ドイツ語）と比較する経験と、日本語とドイツ語を使って読んだり書いたり話したり聞いたりする経験とが得られたと考えられる。

この実践は当地の『アーヘン新聞（Aachener Zeitung）』（二〇〇三年七月二五日付）に写真入りで大きく報道された。

六　文学作品を上演

あるギムナジウムの最上級学年で、文学の授業（演習）の一環として、古典的戯曲を上演するというプロジェクトが実施された。生徒たちは、ロシアの作家ゴーゴリによる喜劇『検察官』（ドイツ語版）を読み込んで、自分たち流の台本に作りかえ、練習を重ね、舞台装置や衣装を作り、入場券を市民に販売して、学校のホールで上演した。このプロジェクトで伸びる力としては、文学作品を読む力・書いたり話したり聞いたり話し合ったりする力・公衆の面前で舞台劇を演じる力などが考えられる。

第八節　プロジェクト一覧

実際にプロジェクトを行う際に、発想のヒントを得るための参照資料として利用してもらうことを想定して、プロジェクトの具体案の一覧を作成した。いずれも私が見聞した実践や、実践者と私が協力して考案した実践をもとにして、まとめ直したものである。

この一覧で示す具体案の種類は一〇〇を超え、その広がりは次のようである。

①書く・作文　②翻作活動を通して読む　③アンソロジーを作る　④読書案内
⑤味わい楽しむ　⑥話す・聞く・話し合う　⑦発音・発声・文字・語彙・文法など
⑧他教科・領域との連携　⑨調べる・情報活用　⑩遊び・その他

この一〇分類は、それぞれの具体案に含まれる主要な要素による分類である。具体案の大部分は、複数の分類にまたがっている。

一〇〇を超える一覧をいちいち読む気がしない読者は、この一覧を飛び越えて次に進んでいただきたい。あるいは、軽く読み流して、おおよその全体像を確認しておいて、あとで必要になったときにこのページを開いて利用していただきたい。

一　書く・作文

㈠　紹介

①自己紹介のスピーチ台本を書く。
②「なりきり紹介文」を書く。例えば、自分のペットになりきって、「私の主人は優しいです。毎日……」というような架空の紹介文を書く。結果として自己紹介になる。
③「自分広告」を作る。さまざまな広告を参考にして、自分をアピールする広告を作る。
④級友にインタビューして得た情報を使って、「だれでしょうクイズ」を作る。ただし、短所や欠点には言及しない。

㈡　案内・標語・手紙・投書・新聞など

①各種行事や催し物の案内状を作って保護者に届ける。
②学習発表会の保護者向け案内状を作る。
③道案内の地図に添える説明書きを書く。
④学校が作った運動会のプログラムを加工して、自分の保護者向けの手作り案内状を作る。
⑤子どものための交通安全の手引きを、自分たちで作る。
⑥学校生活に関する標語を作って掲示する。
⑦知り合いに近況を知らせる手紙を書き、封筒に入れ、切手を貼って投函する。
⑧興味がある話題について、新聞に投書する。

⑨生活や学習にかかわる質問状や依頼状や案内状を作って、相手に届ける。
⑩分担して学級新聞を発行する。週刊でも月刊でもよい。日刊の場合はミニ新聞にする。
⑪作品の展示会を開催し、作品について説明するカードを添える。
⑫未来を予測し、架空の未来新聞を作り、展示したり、交換して読み合ったりする。

㈢ 詩・短歌・俳句・物語・記録・脚本・絵本など

①撮影した写真に説明や詩・短歌・俳句などを添えてフォトブックを作る。
②自作の詩・短歌・俳句集や詩画集や物語集や随筆集を、個人やグループや学級で作る。
③自分の「生いたちの記」や成長物語を作る。
④旅行に行く前に入手した情報で想像俳句を作り、現地で実感俳句を作る。
⑤朗読劇・寸劇・影絵劇・人形劇・紙芝居などを作って上演する。
⑥公開された動画作品や写真をもとにして、物語や詩を作る。
⑦人生訓を組み込んだ寸劇の脚本を作る。
⑧自分の日常を架空の登場人物に仮託した物語絵本を作る。

二　翻作《ほんさく》活動を通して読む（詳細は第四章）

①物語や説明文を劇にして上演する。そのテーマソングや挿入歌を作ってもよい。
②物語やゲームに登場する人物を紹介する冊子や新聞を作る。

③原作の本文の途中に、「あなたはだれですか?」「何をしているんですか?」「あなたは何色ですか?」

というような問いの文を挿入して、問答文体の作品に作りかえる。

④物語や説明文を、五七五句《ごしちご》(12)で綴る作品に作りかえる。

⑤好きな詩を選んで書き写し、挿絵を付けて絵ハガキやカレンダーを作る。

⑥好きな詩を選んで身体表現しながら演じる。曲を付けて歌ってもよい。

⑦各種伝記をもとに、本人の視点から語る「なりきり自伝」を作る。

⑧伝記をもとに新聞・ポスター・冊子を作る。

⑨詩・短歌・俳句や説明文・古典作品をもとにクイズを作り、クイズ遊びをする。

⑩「字のない絵本」に文章を添えて、「字のある絵本」に作りかえる。

⑪物語や説明文を素材にして、紙芝居や絵本を作る。

⑫物語や説明文の途中に、文脈にふさわしい挿絵を描いて添える。

⑬物語や説明文の場面や部分を選んで、寸劇の脚本を作って演じる。

⑭物語の途中に、登場人物の内面のつぶやきや、読者としての感想やコメントや語句解説などを考えて書き添える。あるいは、文脈にふさわしい俳句や短歌などを作って添える。

三　アンソロジーを作る

①テーマや好みで詩を選んで、解説付きアンソロジーを作る。

②好きな詩を選んで持ち寄り、詩の朗読会をする。

③物語や知識読み物を要約して紹介する冊子を作る。
④東西の古典的名作から好きな部分を書き抜いて集めた冊子を作る。
⑤名言を探して名言しおりを作ったり、名言集を作ったりする。
⑥いろいろな随筆の抜粋集を作る。

四　読書案内

①読書案内のためのチラシ・ポスター・カード・動画・作家との架空インタビュー記事などを作る。
②好きな書籍を選び、その魅力を紹介するカードを作り、書籍に添えて展示する。
③絵本や小説や漫画や知識読み物や図鑑など、各種読み物を紹介するポスターを作ったり、それを使ってブックトークをしたりする。
④学校図書館の蔵書や利用法について解説したガイドブックを作る。

五　味わい楽しむ（感想文は書かないで、自由に楽しむ）

①名作の朗読を聞いて味わう。
②映像化された名作を視聴して楽しむ。
③詩・短歌・俳句・小説・漫画などの各種読み物の中から、読みたいものを選び、自由に読んで楽しむ。

六　話す・聞く・話し合う

①自己紹介や相互紹介のためのスピーチ交流会をする。
②好きな話題を選んで、スピーチ交流会をする。
③さまざまな相手と場面を想定して、電話ごっこをする。
④学内の出来事に取材した放送台本を作って、校内放送をする。
⑤学級会や部活動、児童会や生徒会、委員会や係の会議に参加する。

七　発音・発声・文字・語彙・文法など

①校庭に出て互いに向き合い、互いの距離を変えながら、声のキャッチボール遊びをする。
②詩をいろいろな表現で音読して遊ぶ。
③名前の漢字を使ったクイズを作って遊ぶ。
④漢字やことわざにイラストを添えてカードを作る。
⑤学校内外・図書室・教科書・参考図書などから漢字を探して、漢字採集帳に書き込む。
⑥漢字かくれんぼ遊び。例えば、大量の漢字「海」の中に「母」という漢字を一つだけ潜ませた紙面を作り、それを相手と交換して探し合う。
⑦漢字覚えの言葉遊び。例えば「くノ一で、女」「ハム公」「爪にツメなし、瓜にツメあり」「薔薇《そうび》の薔《そう》、くさかんむり二人並んで土回る」「心を亡くして、忘れる」「八を刀で分ける」など。自分で作ってもよいし、ほかの人が作ったものを探して加工してもよい。漢字覚えの言葉遊びをカルタやクイズにして遊んでもよい。

⑧漢字遊びいろいろ。漢字遊びはほかにもいろいろ考えられる。例えば、漢字の中のカタカナ探し、同じ部品や同じ音訓の漢字探し、漢字カードで画数じゃんけん、字書き歌作り、こじつけ字源説作りなど。
⑨漫画を含む好きな読み物に出てくる言葉を集めて言葉辞典を作る。
⑩国語科その他の教科に出てくる基本用語の解説書を作る。
⑪複数の文法参考書を参照して文法問題を作り、交換して解き合う。

八　他教科・領域との連携（教科名は、通称による）

㈠　生活

①お店屋さんごっこで使う広告やメニューを作る。
②学校探検や地域探検をして、解説付きの地図や冊子を作る。

㈡　社会・総合的な学習の時間

①地域の歴史や人物や名所を調べて地域案内冊子を作る。
②地域の未来計画を考えて冊子を作り、地域に発信する。
③地域や日本の産業を調べて新聞や冊子にして発表する。
④歴史新聞や環境新聞など、各種の新聞を作って掲示する。
⑤歴史上の人物や物語の登場人物の架空日記を作る。
⑥各種テーマで年表を作る。

㈢　**理科**

①動物や植物の図鑑を作る。

②動物や植物の観察記録を書く。

③自然科学にかかわる驚きや不思議を表現した詩を鑑賞したり、創作したりする。

㈣　**算数・数学**

①算数や数学の手作り問題集を作って、解き合う。

②「億・兆・京」などとてつもない数が登場する架空話を作って楽しむ。

㈤　**保健体育**

①命と性について調べ、子ども版イラスト付き解説絵本を作る。

②スポーツの技やルール、衛生などに関する手引きを作る。

㈥　**図画工作・美術・音楽**

①物語や詩を読んでそのイメージ画を描いて展示する。

②学級愛唱歌集を作る。

③好きな歌の曲に合わせて替え歌を作る。

④二番まである歌の三番を作る。

(七) 家庭

①お菓子や料理を創作し、その写真入りレシピを作る。
②郷土料理や野外料理や伝統料理などを調べてレシピを作る。

(八) 外国語・英語

①歌や絵本を素材にして、日英対訳の歌集や絵本を作る。
②英語の絵本や詩や歌詞の各種翻訳を比較検討して発表する。

(九) 道徳

①悩みやトラブルに関する架空の「お悩み相談・回答文集」を作って読み合う。
②学校生活を改善するための案を考えて提案集にまとめる。

(一〇) すべての教科・領域にわたるもの

①各教科・領域の内容にかかわるクイズ・問題集・解説集などを作る。
②好きな教科の内容に関する図や表を作成して発表する。
③国語科以外の教科・領域の学習内容で詩を作る。

④各教科の手作り参考書を作る。
⑤各種教科・領域に関する情報解説の動画を制作して、視聴し合う。

九　調べる・情報活用

①子どもの遊びを調べて報告書にまとめたり、遊びの手引きを作ったりする。
②学校生活にかかわる情報を集めて、新入生や転校生のためのガイドブックを作る。
③旅行のための案内冊子を作って自分で利用し、利用後に現地情報を補って改訂版を作る。
④世界や宇宙、戦争や平和のことを調べて発表し合う。
⑤各種テーマで新聞の切り抜き集を作って解説を添える。
⑥防災に関する情報を収集して話し合い、分担・協力して「子ども防災手引き」を作る。
⑦何らかの問題を解決するために、書籍やインターネットで情報を収集・加工して発信する。
⑧書籍やインターネットから情報を集めて、クイズを作ったり、発表会をしたりする。
⑨インターネット上の同一テーマに関する情報を複数集め、比較検討して結果を発表する。

一〇　遊び・その他

①級友・教師・有名人・歴史上の人物などの人名カルタを作って、カルタ遊びをする。
②自分の名前の漢字や任意に選んだ漢字を織り込んだ詩や物語を作って遊ぶ。
③歴史・地域・生物・算数・数学・外国語など、さまざまな分野のカルタを作って遊ぶ。

④国語科教科書所収の教材文をもとにクイズを作り、クイズ遊びをする。他教科の教科書や教科書以外の図書でもできる。
⑤物語や説明文の順番をたどるすごろくを作り、そのすごろくで遊ぶ。
⑥宝までの道筋を言葉だけで案内する「言葉の地図」を作り、それを使って宝探しをする。
⑦架空日記や架空新聞を作り、読み合って楽しむ。
⑧物語や詩や説明文の一部を空白にした復元音読テキストを作って、復元音読遊びをする。
⑨しりとり・早口言葉・言葉集め・回文など、さまざまな言葉遊びをする。
⑩検定試験・資格試験・入学試験・採用試験などに挑戦する。

第四章

翻作《ほんさく》のすすめ

翻作とは、何らかの原作をもとにした表現のことである。原作をもとにした表現をオリジナルな創作と呼ぶことはできないので、私は、「創作」の「創」を「翻訳」の「翻」に置きかえて、「翻作」と呼んでいる。翻作するためには、原作をより丁寧に読むことが必要になる。その結果、読みが深まる。その経験を通して読む力が高まる。翻作表現する経験を通して表現力も高まる。

翻作を通して学ぶ方法が「翻作法」である。翻作法は、表現・理解総合の学習法であり、文化の継承と創造に役立つ学習法でもある。

第一節　翻作《ほんさく》とはどういうものか

一　かえる翻作

小林一茶の句「雪とけて村いっぱいの子どもかな」(13)の本文の一部をかえて、

雪とけて町いっぱいの子どもかな

という句を作ったとする。本文の一部をかえて表現しているので、私はこれを「かえる翻作」と呼ぶ。かえる程度をさらに増やして、雪が融ける前の銀世界の場面に戻して、

雪ふって見わたすかぎり銀世界

とすることもできる。

桜咲く春に時を進めて、

はらはらと舞う花びらと遊ぶ子ら

とすることもできる。かえる度合いが大きくなればなるほど、原作との類似性が薄くなる。

目を桜の蜜を吸いに集まる小鳥に向けて、

満開の桜に集う小鳥たち

とすることもできる。連想が連想を呼んでここまで変化してくると、これはもう、一茶の句に触発されて生まれた、オリジナル作品と言えるかもしれない。

原作の本文をかえて表現するなんて原作に対して失礼ではないか、とか、子どもの気持ちが原作から離れ

てしまうのではないか、とかいう心配をする人がいるかもしれないが、心配することはない。なぜなら、原作をいくらかえて表現しても、原作は原作として厳然と存在し続けるからである。

翻作するために原作を丁寧に見直すことが、原作をより鮮明に認識することにもなる。翻作する過程で、原作の言葉遣いや文字選びの特色がより確かに見えてきたり、内容のイメージがより鮮明に思い浮かんできたり、原作を作った人の思いや感覚がより鮮明に感じられたりするという現象が起きる。翻作した作品と原作を並べれば、原作の特色が一層際立つことになろう。

ここまでに紹介したのは「かえる翻作」の例である。

二　なぞる翻作

私が考える翻作には、もう一種類の翻作がある。それが「なぞる翻作」である。「なぞる翻作」とは、本文をそのままなぞって表現する翻作である。本文をかえて表現するのが「かえる翻作」、本文をかえないでなぞって表現するのが「なぞる翻作」である。

「なぞる翻作」のうち、最も手軽にできるのが、声による翻作である。

例えば、一茶の「雪とけて村いっぱいの子どもかな」を、喜びあふれるような声で読んでみる。大声で読んでみる。怒ったように読んでみる。悲しそうな声で読んでみる。さみしそうな声で読んでみる。ささやくような声で読んでみる。そうすると、同じ一つの句でも、音読の仕方によって、味わいが変化する。音読の仕方をかえるだけで、多様なイメージ世界が生まれ出る。そこに、「なぞる翻作」の表現性があり、おもしろさがある。

「なぞる翻作」の表現手段は声だけではない。文字の大きさ・形・配置・色によっても、それぞれ異なるイメージ世界を創造することができる。ダイナミックな文字・立派な文字・整った文字・淡々とした文字・素朴な文字・たどたどしい文字など、文字の変化だけで、さまざまなイメージ世界を生み出すことができる。用具や用紙をかえるだけでも、作品の味わいが変化する。添える写真や挿絵を工夫することによっても、作品の味わいがかわる。パソコンを利用して、静止画や動画、音声や文字などを工夫することによっても、多様多彩な表現が可能である。一茶の句をそのまま使って、色や挿絵や文字表現を工夫したカルタを作ることもできる。

第二節　翻作の素材と方法

前節では一茶の句を例にして、「かえる翻作」と「なぞる翻作」の実例を示したが、目を広げれば、翻作の素材は、いたるところに見つかる。例えば、

春が来た。春が来た。どこに来た。
山に来た。里に来た。野にも来た。

（高野辰之作詞・岡野貞一作曲「春が来た」）

という歌をもとにして、「冬が来た」「夏が来た」「秋が来た」などの替え歌を作ることもできる。
日本や外国の昔話をもとにして作品を作ったり、作ったものを演じたりすることもできる。例えば、西洋

の王様が登場する「裸の王様」を、日本の殿様が登場する「裸の殿様」に作りかえることもできる。そのほかにも、詩・短歌・俳句・物語・伝記・脚本・随筆・紀行文・日記・論説・記録・実用文など、あらゆる種類の作品が翻作の素材になる。

詩を翻作すれば詩の学習になり、物語を翻作すれば物語の学習になり、脚本を翻作すれば脚本の学習になり、論文の翻作をすれば論文の学習になる。さらに広く、美術・音楽・その他さまざまな分野にも、翻作の素材がある。

複数の素材を組み合わせて翻作することもできる。翻作の表現方法は、朗読劇・影絵劇・人形劇・紙芝居・演劇・映画・動画・静止画・楽器演奏・絵画・写真・造形・身体表現など無数にある。

身体表現を添えながら物語を音読するというように、音読の声と体による表現とを複合した表現方法もある。あるいは、声は出さないで、無言劇のスタイルで表現することもできる。効果音を添えて音読表現することもできる。物語の展開に応じて添える効果音を探したり工夫したりする活動が、物語の内容世界をありありとイメージする効果をもたらす。効果音だけを並べて、一つの音響作品を作ることもできる。

第三節　翻作の全容

「かえる翻作」と「なぞる翻作」の両方を見渡して、全容を概観すると次のようになる。なお、実際の学習場面では、どちらか一方だけを行う場合もあるし、両方を組み合わせて行う場合もある。どうするかは自由である。

一　かえる翻作いろいろ

原作の本文になんらかの変形を加えて表現するのが「かえる翻作」である。かえる可能性は無限である。次に紹介するのは、その、ほんの一部である。

①単語をかえる。
②箇条書きにかえる。
③散文表現を韻文表現にかえる。または、その逆。
④方言による表現を共通語による表現にかえる。または、その逆。
⑤かたい調子の表現をくだけた調子の表現にかえる。または、その逆。
⑥説明文を物語にしたり、インタビュー記事風の文章にしたりする。または、その逆。
⑦物語や説明文を、視点をかえて書きかえる。
⑧物語や説明文を問答体の文体にかえる。
⑨物語や説明文でクイズを作る。
⑩物語や説明文ですごろくを作る。
⑪詩や物語や説明文の一部分を空白にして復元音読テキストを作る。
⑫ことわざや短歌・俳句を織り込んだ物語や詩を作る。
⑬古文や漢文や故事成語をもとにして、漫画を作ったり、紙芝居を作ったりする。

⑭狂言を現代物語に作りかえたり、現代語による寸劇の台本に作りかえたりする。
⑮古文や漢文の作品をもとに、現代語による作品を作る。型どおりの「現代語訳」だけでなく、くだけた表現や、民話調の語り口など、さまざまな表現様式を試みることができる。そうすれば、自由の幅が広がり、遊び心が発揮されて、さらに楽しく表現することができる。
⑯複数の原作を合成して一つの作品を作る。例えば、魚のサケについての絵本数冊を合成して一冊のサケの絵本を作るとか、二つの民話を合成して一つの民話風の物語を作るなど。
⑰本文を縮めて表現する。例えば、要約、部分省略、必要箇所の抽出、など。
⑱本文に追加情報や追加表現を挿入して、ふくらませる。

二　なぞる翻作いろいろ

「なぞる翻作」とは、原作の本文をかえることなく、そのままなぞって表現する翻作のことである。その種類を、表現手段によって分類すると、次のようになる。

①音声で　いろいろな声、いろいろな読み方で表現する。具体例としては、録音作品の作成・校内放送・朗読劇や群読劇の上演・子ども同士の読み聞かせ活動などが考えられる。

②文字で　文字の大きさや形や色、あるいは用紙の色や形をかえるだけでも、多様な視覚的表現が生まれる。例えば、月夜の物語や詩を書き写して表現する場合、黒い紙に白い字で本文を書き写し、「月」のところだけ黄色の文字にするなど、いろいろな表現が考えられる。活字を、毛筆や硬筆など、多様な用具で手書きしたり、パソコンやタブレットなどの情報通信機器を活用して、さまざまな形や色や

大きさの文字で表現したりすることもできる。毛筆書道的表現や、写本・視写絵本・抜粋集・アンソロジー（名作選）などで表現することもできる。

③総合表現・その他　言語以外の手段も含めた翻作表現として、例えば、絵本や紙芝居、人形劇・影絵劇・朗読劇・演劇・無言劇など、さまざまな様式の演劇的表現がある。さらに、それ以外にも、多様な表現方法がある。ある物語の主人公の気持ちを表情で表したり、歩く姿で表したりというようなこともできる。

第四節　翻作による学習活動の具体例

翻作の方法は多様で、翻作の素材は無限にある。具体例を示すと、次のようになる。

一　声で遊ぶ

(一)　いろいろな声で表現して遊ぶ

いろいろな詩集の中から気に入った詩を選んで、いろいろな声で表現してその違いを楽しむことができる。早口で読んだり、ゆっくり読んだり、小声で読んだり、大声で読んだり、泣き声で読んだり、笑い声で読んだり、しんみり読んだり、浮かれて読んだり、激しく読んだり、淡々と読んだり、普通に読んだり、と、多様な音声表現を試みて遊ぶこともできる。

詩の内容にふさわしい読み方だけではなく、暗い内容の詩を明るく読んだり、明るい内容の詩を暗く読んだりというように、逆の表現をして遊ぶことも、自由な感性をよみがえらせる効果がある。逆の表現を試みる効果はそれだけではない。詩の内容や表現を複眼的に認識する機会になり、声の表現効果を考える機会にもなる。

音読表現遊びをする素材として選ぶ詩は、子ども一人一人が選んでもよいし、集団で選んでもよい。まずは、手始めに、教科書所収の詩でやってみるとよい。音読表現遊びは、一人で演じて楽しむこともできるが、集団で分担・協力して演じて楽しむこともできる。

音読表現遊びをする際に、声だけでなく、表情の変化を添えたり、手指や身体の動きを添えたり、リズムやメロディーを添えたりするなど、身体表現的要素や音楽的な要素を添えてもよい。そうすれば、表現の幅がさらに広がる。

(二) 掛け合い音読遊び

教師と子どもによる掛け合い音読遊びをすることもできる。

例えば、物語「おおきなかぶ」(14)をみんなで音読する際に、まずは教師が「うんとこしょ、どっこいしょ。」という掛け声以外の全文を音読し、「うんとこしょ、どっこいしょ。」という掛け声の部分を子どもたちが音読する。

そして次には、子どもの分担部分を少し増やし、その次にはさらに増やすというようにして、最後には全文を子どもたちが音読するまでに、子どもの分担部分を増やしていくのである。

その遊びを終えたあとで、子どもにこの作品を暗唱させてみると、ほぼ全員が暗唱できるようになっていることがわかるであろう。

(三) 役割分担音読

①「おおきなかぶ」で

先ほど取り上げた「おおきなかぶ」を音読する際に、掛け声を発する役割を、登場人物別に子どもたちに割り振って「うんとこしょ、どっこいしょ。」という掛け声を、おじいさんが引っ張るときはおじいさん役の子一人が音読し、それにおばあさんが加わった際には、おじいさん役の子とおばあさん役の子が二人で「うんとこしょ、どっこいしょ。」と声を合わせて音読し、それ以後、登場人物が増えるごとに、「うんとこしょ、どっこいしょ。」と音読する子が増えていって、最後には、登場人物役の子全員が声を合わせて「うんとこしょ、どっこいしょ。」と音読するというようにすると、物語の様子がありありと思い浮かぶ音読になり、子どもたちも、物語のイメージ世界に入り込みやすくなる。

②「少年の日の思い出」で

中学校国語科教科書に長年収録されて広く知られているヘルマン・ヘッセの短編小説「少年の日の思い出」(15)を音読劇にして演じることもできる。

この作品は、冒頭の導入部分と、それに続く本体とも言うべき部分との、二つの部分から構成されている。冒頭部分では、語り手を兼ねる「私」と、その客である「友人」が登場する。

本体部分は、冒頭部分の「友人」による回想話である。そこには、若いころの「僕」や「僕」の隣に住む若者「エーミール」や「僕の母」などが登場する。

音読劇にする際には、冒頭部分の物語とそれに続く物語との二つに分けるとよい。そうすると、この物語の二重構造が明瞭に浮かびあがる。

それぞれの部分における語りと、それぞれの部分に登場する人物たちのせりふとを、学習者が役割分担して音読上演するのである。

音読劇上演に向けて、どう音読するかを工夫しながら練習する過程で、内容をより深く読み取る学習が成立し、内容にふさわしい表現方法を工夫する学習が成立する。

一旦、役割分担して音読したあとで、分担した役割を別の子と交換して、再度、音読劇をすれば、登場人物それぞれの立場からの理解が深まり、より立体的な理解がなされる。

同様の方法は、ほかの文学作品でも行うことができる。やり方を工夫すれば、説明的文章でも行うことができる。説明的文章で行う場合は、説明される対象の事物の動きや形を、子どもが演技するという動作を添えた音読劇にするという方法が考えられる。説明される植物や動物や事物の動きや形を分担する子は、それを無言劇のように、身体で表現するのである。あるいは、説明される対象となった事物を擬人化して、それぞれの事物のせりふを追加した脚本を作って、その脚本をもとにして音読劇をすることもできる。そうすれば、その説明文の内容理解がより多角的なものになる。

③「八つになりし年」で

吉田兼好『徒然草』の最終段「八つになりし年」で音読劇をすることもできる。具体的には、会話する父と子の役と、地の文を読む役との三つの役を三人で役割分担して音読対話劇をするとよい。

この活動では、上演を目指して練習する過程で何度も丁寧に読むことになる。一回演じ終わったら、次は、配役を交換して音読するとよい。配役がかわるたびに味わいの異なる音読劇になる。それだけでなく、全員がすべての部分を音読することにもなり、それだけ、古典に親しむ度合いが深まる。そのうえ、どの立場から見るかによって理解や感じ方に違いが出ることを実感し、この作品に対する見方が多角的なものになるという効果も生まれる。

音読劇のために、読みやすい台本を作れば、それもまた、学習の機会になる。朗読台本は、現代語訳を使うこともできるし、古文をそのまま使うこともできる。あるいは、地の文は現代語にし、会話の部分だけを古文にするというような混合型の台本にすることもできる。他の段でも、その段にふさわしい音読劇を工夫するとよい。

同様の音読劇は、「竹取物語」その他、日本のいろいろな古文を使って行うこともできるし、漢文を使って行うこともできる。古典だけでなく、現代の作品を使って行うこともできる。

四 輪唱音読遊び

草野心平の詩「おれも眠らう」[16]も、しばしば教材として取り上げられる。この詩は、最初に、

るるり　りりり

が三回繰り返され、次に

るるり　るるり　りりり

と続き、さらに

るるり　るるり　るるり　りりり

と続いて、最終行に無言を表す線が引かれて終わる。

これを、輪唱のように音読して遊ぶことができる。具体的には、最初の子が「るるり　りりり」を音読した直後に次の子が読み始めるというように、音読する人数が一人ずつ増えていって、多くの声が重なり合って響き合うようになり、音読し終わった子から一人ずつ無言になって、響き合う声がだんだん少なくなって、最後には全員が無言になって終わる。

すると、その場が、まるでカエルが集まる田んぼになったようなイメージに包まれる。最初に鳴き始めたカエルの声につられて、鳴き声がだんだん増えて大合唱になり、そのあとは、鳴き声がだんだん少なくなって、ついには田んぼ一面が静かになって終わる。教室がそんなイメージに包まれる。

二　視写して作る

視写とは見て書き写すことである。視写絵本とは、視写して作る手作り絵本のことである。教科書所収の作品や、教科書外の作品を書き写して、視写絵本を作ることもできる。

書き写す際、段落と段落の間に大きめの余白を取って書き写し、その余白に挿絵を入れてもよい。挿絵だけでなく、簡単な補足説明や感想を追加してもよい。あるいは、一文ごとに行間を広く取って書き写し、その行間にミニ挿絵を描いてもよい。それを私は「行間挿絵」と呼んでいる。

全文視写が終わったら、次は、目次を作る作業に進む。目次を作る活動は、要点をとらえ、簡潔な語句で表現する学習になるだけでなく、原作全体の構成を把握する学習にもなる。目次作りの次には、原文のタイトル（題名）に添えるサブタイトル（副題）を考える。副題を考える活動は、文章全体の趣旨や特色を簡潔に表現する学習になる。

副題が完成したら、次には、まえがきとあとがきを書く。まえがきの中に概要の予告を入れ、あとがきの中に感想を入れれば、概要や感想を書く学習が自然になされる。

最後に、表紙を作り、書名・原作者名・翻作者名・発行年月日などを含む奥付を付けて製本すれば、世に一冊の視写絵本になる。表紙や奥付を付けて製本したとたんにその本は、責任をもってこの世に送り出す本に変わる。一冊だけの限定出版ではあるが、一冊の手作り出版物になる。やってみればわかるが、奥付を付けたとたんに、子どもの表情が、一冊の本を世に送り出す責任をもった人の顔になる。これを私は、「出版学習法」と呼んで大切にしている。部数を増やしたい場合は、コピーして製本すればよい。

視写絵本を作る活動では、素材に選んだ文章の内容にかかわる知識・理解が拡充するだけでなく、それぞれの素材に応じる読む力や書く力が伸びる。

国語科教科書に収められているさまざまな文章が、視写絵本の素材になる。が、それだけでなく、国語科以外の教科書や参考書から素材を見つけることもできる。市販の書籍・雑誌・新聞・各種パンフレットその他を素材にすることもできる。

素材にする作品は一つとは限らない。複数の素材から筋の展開を取捨選択して利用してもよい。あるいは、まったく別の種類同士の素材を融合して新たな絵本を作ることもできる。

三　人物や文字・語句・文体などをかえて作る

(一)　登場人物をかえる

小学一年の教材としてしばしば取り上げられる作品に、民話「おおきなかぶ」(14)がある。その登場人物を学級のメンバーに置きかえて翻作作品を作ることもできる。そうすると、この物語が急に身近に感じられるようになって、楽しさが増し、物語の理解が一層進む。

私はこれまで、英語版の「おおきなかぶ」をいくつか入手したが、その中の一つに、ねずみの次に一番目のかぶとむしが登場し、次に二番目というように順番に登場して、最後に五番目のかぶとむしが登場し、みんなで協力して引っ張ってやっとかぶ（蕪）が抜けるというものがある。(17)

その発想を参考にして、ほかの虫でも、ほかの生き物でも、何でもよいから、子どもが好きなものを選んで登場させるという形で、かえる翻作をすることもできる。

それを絵本にしてもよいし、劇にして演じてもよい。

(二)　語句をかえる

山村暮鳥の詩「風景　純銀もざいく」(18)の第一連は、次のようになっている。

いちめんのなのはな

いちめんのなのはな
いちめんのなのはな
いちめんのなのはな
いちめんのなのはな
いちめんのなのはな
かすかなるむぎぶえ
いちめんのなのはな

三つの連から成るこの詩の第一連は、「いちめんのなのはな」が六つ並んだあとに、「かすかなるむぎぶえ」という一行が来て、再び「いちめんのなのはな」に戻って終わる。

第二、三連も同様の構造で、うしろから二行目だけが「ひばりのおしゃべり」、「やめるはひるのつき」になる。そして第三連の最後には、この詩唯一の句点（。）が付く。

この詩を素材にして、例えば、各連のうしろから二行目を、「そらがかがやく」「そよかぜがふく」「ちょうがまう」などにかえると、原作とは異なる詩が生まれる。

「いちめんのなのはな」を、「まんかいのさくら」または「満開の桜」にかえ、各連のうしろから二行目を「あふれるえがお」または「あふれる笑顔」、「わかれるなみだ」または「別れる涙」、「であうよろこび」または「出会う喜び」などにかえれば、新しい詩がいくつも生まれる。季節を夏にかえて、「いちめんのひまわり」「かがやくたいよう」などとすることもできる。

㈢ 表記をかえる

この「風景　純銀もざいく」という、平仮名だけで書かれている詩の表記を、漢字仮名交じり表記にかえることもできる。そうすると、例えば、

いちめんのなのはな　↓　一面の菜の花
やめるはひるのつき　↓　病めるは昼の月

というようになる。詩の味わいががらりと変化する。そして、総平仮名表記と漢字仮名交じり表記とを比較して認識することができる。その結果として、原作が採用した総平仮名表記の見事さを再認識することもできる。

それだけでなく、「やめる」が、「止める」ではなくて「病める」であることを確認することができる。その際、辞書を利用すれば、辞書利用の学習にもなる。

㈣ 「ジャック」を「ひさ」に

マザーグースと総称される英国の伝承童謡の一つに「これはジャックが建てた家／This is the house that Jack built」という積み上げ歌がある。その「ジャック」を「ひさ」に置きかえて、

これは、ひさが描いた絵。
これは、ひさが描いた絵を破った猫。
これは、ひさが描いた絵を破った猫に猫パンチをくらった犬。
これは、……

というように作りかえることができる。

分量を自由にして、少なくても多くてもよいことにすると、どの子も参加できる。別の名前に置きかえるだけでなく、「ぼく」「わたし」「おれ」「あんた」などの人称代名詞に置きかえてもよいし、別の物事に置きかえてもよい。そうすると、多様な積み上げ歌が生まれる。

(五) 「てれるぜ」を「てれるわ」に

工藤直子著『のはらうたⅡ』(19)に、「かまきりりゅうじ」による「てれるぜ」(という題名の詩)が収められている。一三行からなるその詩の冒頭二行は「もちろん　おれは／のはらの　たいしょうだぜ」(／で改行)であり、末尾一行は「てれるぜ」である。

これを、「かまきりりゅうこ」による「てれるわ」に作りかえて、

もちろん　わたしは
のはらの　たいしょうよ

(中略)

てれるわ

というように翻作した小学生がいた。作りかえる過程で、作品への理解が深まり、表現の感覚が育つ。

(六) 韻文を散文に

詩・短歌・俳句・ことわざなどの一節を選んで、その前後に言葉を添えて、物語や短編小説を作ったりす

ることもできる。それがそのまま、素材にした作品の理解を深めたり、表現力を高めたりする学習の機会になる。

㈦　問答版に作りかえる

本文の全文を書き写す際、問いの文を挿入すると、全体を問答版の文章に作りかえることができる。それは、文学的文章でも、説明的文章でも可能である。

①文学的文章で

例えば「走れメロス」(20)ならば、冒頭の「メロスは激怒した。」という文の前に「メロスはどうしたの?」というような問いの文を挿入して、その答えに相当する原文を書き写すと次のようになる。

メロスはどうしたの?

メロスは激怒した。

同じようにして、順次、問いの文を考えて挿入しながら一文ずつ書き写していくと、末尾の問答は次のようになる。

勇者はどうしたの?

勇者はひどく赤面した。

このような作業を、冒頭から末尾まで通して行えば、作品全体が問答スタイルの物語にかわる。

②説明的文章で

例えば、モアイについての説明文の場合は、「モアイとは、人面の巨大な石像です。」という文の前に、「モアイとはどんなものですか?」という問いの文を挿入し、「モアイは、南太平洋にあるイースター島という島にあります。」という文の前に、「モアイはどこにありますか?」というような問いの文を挿入すると次のようになる。

モアイとは、どんなものですか?

モアイとは、人面の巨大な石像です。

モアイはどこにありますか?

モアイは、南太平洋にあるイースター島という島にあります。

同様の作業を最後まで続けて、全体を問答スタイルの説明文に作りかえるのである。この作業をすると、細部を丁寧に確認しながら全体を読み取る経験をすることになる。

(八) 物語を架空の取材メモや日記に

戦場の物語を素材にして、その全体と細部を読み取りながら、従軍記者が現地報告のために書く取材メモを作る作業をすることも可能である。物語が繰り広げる戦場というイメージ世界に、従軍記者になったつもりで入り込み、全感覚器官を鋭敏にして現地で目撃した出来事をメモするのである。

あるいは、別の物語や伝記や小説などを素材にして、その作品中の登場人物になり代わって日記を書いてもよい。あるいはまた、その場に居合わせた第三者になり代わって、作品世界で起きることの目撃記録を書いてもよい。

そうすることが、作品のイメージ世界に入り込んで、その世界で体験したり見聞きしたりした事柄や心情を、詳細に想像して記録することになる。そして、それが、作品の詳細な読み取りにつながる。

㈨ 視点をかえて作る

①物語で

椋鳩十による「大造じいさんとガン」(21)も、教科書にしばしば登場する作品の一つである。次はその一節である。

今年も、残雪は、ガンの群れを率いて、ぬま地にやって来ました。

残雪というのは、一羽のガンにつけられた名前です。左右のつばさに一か所ずつ、真っ白な交じり毛をもっていたので、かりゅうどたちからそうよばれていました。

この題名を「がんと大造じいさん」にかえ、「がん（雁）」の側から見た物語に作りかえると、

今年も、おれは、がんたちを率いて、沼地にやって来た。狩人たちはおれのことを「残雪」と呼んでいる。おれの左右の翼にある真っ白な交じり毛が残雪のように見えるのがその理由らしい。

というような文体の物語が生まれる。

このように、物語の最初から最後までを作りかえて、自分なりに作品を作る過程で翻作者は、原作の展開や文体、内容や表現・表記の細部について、より詳しく認識することになる。その結果、原作のイメージ世界がより鮮明になり、理解と味わいがさらに深まる。どう表現するかを工夫する経験を通して、表現力が高まる。

②説明文で

説明文でも同様の翻作をすることができる。例えば、魚のサケに関する説明文ならば、

　私たちは北の海にすむ大きな魚です。私たちの体は七〇センチメートルほどにもなります。みなさんは、私たちがどこで生まれ、どのようにして大きくなったかを知っていますか？　これからそのお話をします。大人になった私たちは、秋になるころから、おおぜい集まって、卵を産むために、海から川へやって来ます。

というように、説明される側の視点で語る説明文に作りかえることができる。

その活動を通して、文章全体の展開や細部の説明まで丁寧に読み取ることになり、内容に関する理解が深まり、どう表現しているかについても注意が届くようになり、自分で表現するための力も伸びる。

翻作のための素材は、さまざまな教科の教科書や参考書、さまざまな単行本や雑誌や新聞、インターネットなどから選ぶことができる。

㈠　五七五《ごしちご》句に作りかえる

例えば「おおきなかぶ」[14]のそれぞれの場面を素材にして、五七五句[12]を作ることができる。

冒頭の場面から、

　かぶうえてだいじにそだてるおじいさん

という五七五句を作り、最後の場面から

　うんとこしょとうとうかぶがぬけました

という五七五句を作ることができる。

各場面から作った句を順に並べると、五七五句で綴る物語になる。挿絵を付けて製本すると、五七五絵本になる。

同様の翻作活動を説明文で行うこともできる。動物の説明文の場合は、それぞれの内容に応じて、

ライオンの雄には立派なたてがみが
サメの歯は次から次に生えてくる
カモノハシうしろのけづめに強い毒

などの五七五句を作ることができる。

四　芸術的表現

(一)　詩や物語や説明文で

例えば、山村暮鳥の詩「風景　純銀もざいく」(18)から思い浮かぶイメージを絵に描き、原作の文章の一部や全部の文字を配置したポスターを作って展示することができる。あるいは、新美南吉や宮沢賢治や太宰治などの作家による作品のポスターを作ることもできる。

生き物や植物や自然や文化などについて説明した説明文や知識読み物をもとにして、その文章に添えるイラストを描き、そのイラストにタイトルを付けたり、簡単な説明書きを添えたりすることもできる。それらを順番に並べてイラスト集にすることもできる。

詩や物語はもちろん、説明的文章であっても、その作品に曲を付けて、楽器や歌で表現することができる。

朗読する作品に合いそうな曲を選んだり、編集したり、創作したりして、それをBGMとして流しながら、文章作品を朗読することもできる。文章作品をもとにして、個人や集団で自由に体を動かして、体で表現する作品にすることもできる。そのように表現する過程で、原作をより詳しく読むことになる。

(二) 絵に言葉を添える

絵本にタイトルはあるけれど本文は絵だけの、いわゆる「字のない絵本」というものが日本にも海外にもあって愛されている。そんな「字のない絵本」を素材にして、その絵の輪郭をプリントして配り、好きなように塗り絵をしていると、物語の言葉が生まれてくる。その言葉を口で言えば、口頭による物語作りになる。それを文字で書き込めば、字のある絵本を作ることになる。素材にする絵本は一つでもよいし複数でもよい。

同様の活動は、絵や写真を使ってもできる。添える言葉を画面に書き入れると不都合が生じる場合は、別紙に言葉を書いて、絵や写真に添えればよい。添える言葉の形は、感想やコメントでもよいし、説明や問いかけでもよいし、詩・短歌・俳句でもよいし、物語でもよい。

この活動によって成立すると考えられる学習は、非連続テキストの読解学習と、言語表現の学習である。それだけでなく、絵の内容が宇宙ならば宇宙の学習になり、動物ならば動物の学習になるというように、絵の内容に応じる知識・理解の学習になる。それは同時に、語彙の学習にもなる。

(三) 紙芝居にする

例えば、何らかの原作を素材にして翻作紙芝居を作ることもできる。その場合、子どもは、物語全体を通して読み、いくつの場面に分けるかを考える。そして、それぞれの場面の絵を描く。会話をどこにどう入れるか、語りをどうするかなどについて考えて、紙芝居の台本を書く。冒頭のタイトル文字や絵をどうするかも考える。そのために、物語の全体や細部を丁寧に読み直す。

その活動をする過程で、子どもの読みが深まる。表現する力も伸びる。できあがった紙芝居を上演すれば、公衆の前で発表する力も伸びる。

五　ゲームにする

(一)　クイズにする

何らかの物語や説明文をもとにしてクイズを作るのも、翻作の一つである。

例えば、エリック・カールの絵本『はらぺこあおむし』(22)で、

あおむしが月曜日に食べた物なあに？

あおむしがリンゴを食べたのは何曜日？

というようなクイズを作ることは、文章をクイズに作りかえる翻作活動である。そのクイズを作るためにも、作ったクイズに答えるためにも、素材にした作品を読み直すことが必要になる。そういう必要感をもって、クイズ作りの素材にした作品に向き合い、丁寧に詳しく読む活動が自然になされる。

クイズ作りの素材は、少し探せばいろいろ見つかる。物語・小説・詩などの文学的文章、説明・解説・論説などの説明的文章、料理や工芸や栽培などの手引きなど、さまざまな文章が、クイズ作りの素材になる。そのようにして素材を選んでクイズを作ることが、読み書きの学習になるだけでなく、素材として選んだ文

章の内容に関する知識や理解を深めたり広げたりする学習にもなる。

(二) すごろくにする

説明文や物語や叙事詩など、手順や時間的な順序に沿って文章が展開する作品の場合は、それを素材にしてすごろくを作ることができる。

すごろく用のシートを作る過程で、作品の細部と展開を把握し、それぞれの場面を詳しく読み取る学習が成立する。

作ったすごろくで遊ぶ際には、話し合ったり聞き合ったり、あるいは、シートに書かれた指示文を読むことなどがなされ、それが、話すこと・聞くこと・読むことの学習になる。

素材にする作品は、国語科教科書所収の物語や説明文から選ぶこともできるし、社会科や理科その他の教科の教科書や参考図書から選んでもよい。図書館や書店や家庭で探してもよい。インターネットで探してもよい。

(三) 問答つなぎで遊ぶ

工藤直子著『のはらうたI』[4]に「みみずみつお」による「すきなもの」という題名の「のはらうた」(という名の詩)が収められている。「みみずみつお」が一行目で「わたしはひるねがすきです」と語り、次の行で「あなたはなにがすきですか」と問いかける、平仮名二行からなる詩である。

これを音読して楽しんだあとに、子どもたちが、例えば「私は、バナナが好きです。」というように、自分の好きなものを語ってから、隣の子に向かって「あなたは何が好きですか？」と問いかける。問いかけられた子が「ぼくはパンダが好きです。あなたは何が好きですか？」と次の子に問いかける、というようにして、問答を順々につなぐ遊びである。

この遊びに参加することを通して、原作への親しみと理解が深まるとともに、表現力が高まり、参加者の交流が深まる。

この遊びは、やり方を変えて難易度を調整すれば、高学年も含めて、どの学年でも遊ぶことができる。やり方をやさしくすれば、幼児期でも遊ぶことができる。（幼児期の具体例は、本書第六章第四節の㈢）。

六　古典で翻作

㈠『平家物語』の「足摺り」の場面を朗読劇に

『平家物語』には、朗読劇にふさわしい場面が多くある。次に示すのはその一例で、俊寛一人が島に残されてもがき悲しむ「足摺《あしず》り」の場面を、朗読劇にして上演するための台本（首藤試作）である。語りの部分は現代語、会話の部分は古語になっている。

舟が押し出されると俊寛は、綱をつかんでついて来て、水に膝まで浸かり、脇まで浸かり、深く足が立たなくなると舟につかまって浮かび、

「さていかにおのおの、俊寛をば遂に捨てはて給ふか。是程《これほど》とこそ思はざりつれ。日比《ひごろ》の情も今は何ならず。ただ理をまげて乗せ給へ。せめては九国《くこく》の地まで」

と訴えたけれど、みやこの使者は、

「いかにもかなひ候《さうら》ふまじ」

と言って、俊寛の手を舟から引き離し、沖に向かって進んだ。

俊寛は仕方なく、渚にもどって倒れ伏し、幼児が乳母や母などを慕うように、浜に足摺りして悔しがり、

「是《これ》、乗せてゆけ、具《ぐ》してゆけ」

と、わめき叫ぶけれど、漕ぎ進む舟は岸から離れて、あとには白波ばかりが残った。

この朗読台本の、会話の部分の文字を大きくしたり色をかえたりすれば、さらに読みやすくなる。古語の部分については、本文の右側に読み方を書き添え、左側に意味を書き添えると、朗読がより容易になるだけでなく、その意味内容にふさわしい朗読の仕方を工夫しやすくなる。このような朗読台本を教師が作って子どもに提供してもよいが、教師の助言を得ながら、子ども自身が台本を作れば、さらに充実した学習になる。実際の授業では、『平家物語』全体から、朗読劇にふさわしい場面を選ぶようにするとよい。

この活動を通して得られる学習上の効果としては、古典に親しんだり、内容理解をより正確にしたり、文章表現力が高まったりするということが考えられる。朗読劇の上演に向けて練習し、実際に朗読上演することを通して、古典の響きを肌で感じることにもなる。一つの場面を一人で朗読することもできるが、複数の子どもで役割分担して朗読することもできる。その際、配役を交換して朗読上演すれば、内容の理解がより多角的なものになる。

あるいは、『平家物語』を現代語訳した漫画を利用して、朗読劇の台本に作りかえることもできる。その際、吹き出しの中の現代語訳に相当する原文を探して、それを、吹き出しの中に書き込んだ漫画に作りかえることもできる。

ちなみに、国語教育界には「朗読」と「音読」の違いにこだわる人もいるが、私は、「朗読」も「音読」も声に出して読むという点で本質的に同じことと考えている。そして、状況や文脈に応じて使いやすいほうを使っている。

(二)「扇の的」で紙芝居

『平家物語』の「扇の的」の場面をもとにして、

時は二月一八日。西に夕日が輝いていた。北風激しく、波高く、女房が乗った小舟も大きく揺れていた。小舟の竿先の扇も揺らめいている。……

というような文体で語る紙芝居に作りかえることもできる。

素材にする作品は、古文でもよいし現代語訳でもよいし漫画でもよい。素材を何にすればよいかは、子どもの年齢や状況を見て判断すればよい。

(三)『平家物語』で新聞

『平家物語』からいくつかの場面を選んで、新聞記事に作りかえることも可能である。その記事に、例えば、

義仲、討たれる
乱世の風雲児、悲劇的な最期
女武者、巴
木曽殿と今井、主従のきずな

などの見出しを付けてもよい。そういう翻作活動も、古典に親しむ機会になる。

新聞作りは、ほかの作品でもできる。古典だけでなく、現代文でもできる。文学作品だけでなく、説明的文章でもできる。いずれも、読み取りを深めたり、内容の正誤・適否を吟味したり、表現を工夫したりする機会になる。

㈣『古事記』で翻作

『古事記』の中のアダムとイブとも言うべき、イザナギ・イザナミの国生み神話や、「いなばのしろうさぎ」「うみひこやまひこ」「やまたのおろち」など、古事記の中の話は、漫画や絵本や現代語の解説書が多く出ているので、それらを参照して、絵本や漫画やポスターや新聞を作ったり、日本各地の方言版を作ったり、現代若者言葉版を作ったり、と、いろいろに翻作することができる。寸劇台本を作って、劇にして演じて遊ぶこともできる。それが日本の古典に親しむ学習になる。

㈤漢文で翻作

中国の古典である『老子』に、

信言不美
美言不信

という一節がある。その意味は、
まことの言葉には美しい飾りがなく、

美しく飾った言葉にはまことがない。

というようなことである。

これをもとにして、例えば、

真実を　語る言葉に　飾りなく、

きれいごと　語る言葉に　まことなし。

というように、五七五調に翻作することもできる。その作りかえる過程で、理解や味わいが深まる。

次に示すのは、杜甫の詩「春望《しゅんぼう》」の一節である。

国破山河在（国破れて山河在り）

城春草木深（城春にして草木深し）

これをもとに、

国滅びても、山川の、自然は残り、

朽ち果てた、城の跡には草や木の、

緑が繁り、大地は今も生きている。

というように、五音と七音の組み合わせによる詩に作りかえることもできる。

また、故事成語を四コマ漫画にしたり、紙芝居にしたり、寸劇にして演じたり、漢詩に節を付けて歌ったり、なじんだ曲に合わせて歌ったりすることもできる。

このほかにも、日本や中国の古典作品の中には、翻作学習の素材になるものがいろいろある。それを自分流に翻作表現することは、古文・漢文に親しみながら、古典の思想や文化に触れることになる。

本節ではこれまで、小学校低学年から高校段階にまで及ぶ広い範囲から、さまざまな翻作の具体案を示してきたが、ここで示すことができたのは、ほんの一例に過ぎない。翻作の方法と素材を開発する可能性は無限に広がっている。さらに多様な具体案を創意・工夫することを、読者に期待したい。

第五節　翻作の効用

一　理解・表現両面の学習に有効

なんらかの作品を素材にして、自分なりの表現をする経験は、表現力を高めるだけでなく、素材として利用した作品そのものへの理解を深める。それが、翻作活動が生み出す主要な学習効果である。

翻作の過程では、自分なりに表現し直すために原作の内容をじっくり丁寧に見直すことが必要になる。その必要感をもって原作を精読する。それは、いわば、「表現活動を通した精読」である。

自分流に表現しようとして原作と向き合うと、原作の表現方法そのものも目に入ってくる。つまり、原作の表現形式に認識が及ぶ。その結果、翻作活動を通して、原作の内容と形式の両面に対する理解が深まる。そして、原作の内容と形式へのなじみが深まる。作品の内容や形式になじみが深まれば、作品に込められたものの見方や考え方、および、それをどう表現するかという表現方法にかかわる知識や能力が豊かになる。

二　言語的素養を豊かにする

翻作を通してさまざまな作品へのなじみが深まることがもたらす効果として見逃すことができないものに、語彙が豊かになるという効果がある。それだけでなく、原作にじっくり向き合って翻作活動をすることは、そこで使用される言葉や文字へのなじみが深まるという効果をも生む。その結果、発音・発声・文字・表記法・文法・文章構成法・表現技法・文体・レイアウト・語彙にかかわる言語的素養が豊かになる。

翻作がもたらす学習効果には、表現力と理解力が高まるという効果だけでなく、言語的素養が豊かになるという効果も含まれるのである。

三　表現のために理解を深める

朗読劇をしたり、絵本や紙芝居を作ったり、登場人物宛の手紙を書いたり、登場人物を紹介する記事を書いたり、読解して得た情報を使って新聞を作ったり、続き話を書いたり、クイズを作ったりするという活動が、従来の読解授業の中になかったわけではない。その順番は、教師主導で従来どおりの精細な読解（精読）をし、それが終わってから、その発展的活動としての表現活動を行うという順番である。それを一言で言うと、「まずは読解、それから表現活動」であった。

しかし、表現活動を通して読みを深める方法としての「翻作法」では、その順番が逆になる。

文学的文章であれ、説明的文章であれ、翻作法では、教材文を最初にざっと一読したらすぐに、翻作活動に入る。つまり、教材文を素材にして、朗読劇・紙芝居・五七五絵本・クイズブック・カルタ・続き話などを作るという活動に入るのである。その表現活動をする中で、素材にした文章を丁寧に読み直したり読み込んだりするのである。そうする過程で読みを深めるのである。それは、「まずは読解、それから表現活動」

という順番ではなくて、翻作表現活動の過程で精細な読解（精読）をするという流れになる。一言で言うと、「表現活動を通して精読」ということになる。そこに、翻作法の特色がある。

四　書くことがなくて困るということがない

学校の授業で、「さあこれから作文を書いてください。」と言われても、だれもがすぐに書き始められるわけではない。創作のインスピレーションというものは、いつでも思いどおりに生まれるというようなものではないからである。

翻作の場合は、翻作の素材として取り上げた原作に出てくる人やものや数をかえたり、場所をかえたり、時代をかえたり、出来事の種類をかえたり、視点をかえたり、文体をかえたり、作品の長さをかえたりすれば作品ができるので、書くことがなくて困るということがない。

素材にできるのは、文章作品だけではない。絵や写真による作品も、物語や説明文や詩の素材として活用することができる。

例えば、「字のない絵本」を素材にする場合は、絵本の絵の輪郭がプリントされた紙を用意して、それに彩色する作業（塗り絵）をすると、内容のイメージが浮かびあがってくる。それを言葉に置きかえれば文章になる。

字がある絵本の絵だけを使って、同様の翻作表現をすることもできる。漫画の吹き出しにある文字を消して、それに代わる文章を自分で作成してもよいし、動画の音声を消して、画面の視覚的情報だけを素材にして、物語を作ってもよい。

あるいはまた、現実の事件や経験が記録されたり説明されたりしている文章を、物語に書きかえるというような形での翻作表現をすることもできる。

五　文化継承の方法としての翻作

翻作法は、先人の文化を継承する方法でもある。翻作法で学習する子どもは、翻作表現するという目的をもって、先人の作品にじっくり向き合い、それを丁寧に読んで受け止める。それは、先人が残した文化に対するなじみを深め、先人の見方・考え方や表現法を学ぶことになる。ただそのまま受け継ぐだけではない。自分流に作りかえる活動もするので、いわば創造的に継承することになる。

第六節　翻作はこれまでも行われてきた

翻作は、「翻作」と呼ばれないで、これまでも行われてきた。例えば、挨拶状や依頼状などを作成する際に、手紙文例集に収録された文例の語句や内容をかえて自分の原稿を作ることが行われてきたが、それも翻作の一種である。先人の名作を書き写したり書きかえたりして作家修業をすることも、翻作学習の一種である。同様の方法による学びは、絵画や彫刻、音楽や演劇、舞踊、書道や華道、武道、陶芸その他の工芸分野などで行われてきた。学校教育でも、物語を絵本や紙芝居にしたり、文学作品を読んで感想画を描いたりする活動が、以前から行われていた。

文学史をざっと眺めるだけでも、翻作に分類される作品がたくさん見つかる。日本で「はだかのおうさま」として知られている童話は、アンデルセン作「皇帝の新しい服」（一八三七年）をもとにして作られたものであり、その「皇帝の新しい服」は、スペインのドン・ファン・マヌエルによる寓話「いかさま機織《はたお》り師と王様におこった話」[23]の翻案である。

太宰治の「走れメロス」[20]の末尾には「古伝説と、シルレルの詩から。」と記されていて、もとにした作品の存在を太宰自身が認めている。芥川龍之介の小説「藪の中」[24]は、『今昔物語集』の中の説話をもとにして作られたものである。

井伏鱒二の名訳として名高い、

ハナニアラシノタトヘモアルゾ、

「サヨナラ」ダケガ人生ダ。[25]

は、于武陵《うぶりょう》の漢詩「勧酒」の日本語訳の一節である。戯曲「白野弁十郎」[26]は、フランスの戯曲「シラノ・ド・ベルジュラック」[27]の翻案である。

外国語からの翻訳だけでなく、日本の古語で書かれた古典の現代語訳も、私から見ると翻作による作品の一つである。例えば『源氏物語』の現代語訳はたくさんあるが、そのそれぞれに現代語訳者独自の表現性が表れている。

第七節　翻作と創作

かえる翻作は、そのかえる度合いが大きくなると、原作とかけ離れた作品になる。そうなると、もうそれは、一つの「創作」と言える。人々が何らかの作品を創作する場合、その作品は、形式や内容の面で多かれ少なかれ、先人による作品の影響を受けているはずである。私が今ここに書いている文章もその一例である。文芸であろうと、科学論文であろうと、あるいは日常実用の文章であろうと、文字言語で表現されるものはすべて、先人の影響を受けているはずである。それまでに作られた作品との類似点が一つもない作品を創造することは不可能である。程度の差こそあれ、すべての創作は広い意味での翻作である。

学習としては、創作か翻作かにとらわれないで、翻作を楽しめばよい。それが、言語文化を継承する大事な学習になる。「なぞる翻作」と「かえる翻作」と「創作」、いずれも学習に役立つ。

ただし、翻作をする際に気をつけなければならないことがある。それは盗作の問題である。ほかの人の作品からの翻作作品を、自分のオリジナル作品として発表したり、コンクールに出品したりすることは盗作行為である。しかし、翻作表現活動が学習に役立つことは無視できない。ではどうすればよいか。答えは簡単である。翻作作品を、オリジナル作品として公表しなければよいのである。翻作表現作品を公表する場合は、翻作の素材として何を利用したかを明記しなければならない。著作権が消失していない作品の場合は、関係者の許可を得る必要がある。

第五章

国語学習の総合性

――「二重カリキュラム」という見方

国語科教科書を見ればわかるように、国語科で取り上げられる話題は多方面にわたり、その範囲は人文・社会・自然の全分野に及ぶ。そういう意味で、国語科は「ミニ総合科」である。国語科は、言葉を学ぶ場であると同時に言葉が運ぶ世界を学ぶ場でもある。そういう意味で国語科は「二重カリキュラム」的である。

言葉はすべての教科で使われ、使われることによって学ばれる。つまり、すべての教科で、その教科が学ばれると同時に言葉も学ばれる。そういう意味で、国語科以外のすべての教科もまた、「二重カリキュラム」的である。

第一節　国語科は〝二総合科

一　言語学習の二重性

言葉は、形と意味が一体になってはたらくものであり、言葉から意味を取り除いたとたんに、言葉は言葉でなくなる。意味のない言葉は、言葉の抜け殻でしかない。言葉の形だけを取り出して学習しても、言葉の力は豊かにならない。

国語科で学ぶのは言葉であるが、言葉が運ぶ世界も学ぶのが国語科である。そういう意味で、国語科は「二重カリキュラム」的である。「二重カリキュラム」とは、言葉の学習と、言葉を通して伝えられる内容の学習とが同時に成立するという二重性を一体的にとらえるカリキュラム観である。

「二重カリキュラム」に言及して、米国の言語教育学者ケネス・グッドマンらは、次のように述べている。

私たちは言葉を学んだり、言葉を通して学んだりしながら、言葉について学んでいる。（中略）言葉が生きてはたらいている場の言語活動に子どもたちが参加している場合にのみ、言葉の学習（learning language）と、言葉を通した学習（learning through language）と、言葉についての学習（learning about language）との、三つの学習が成立するのである。学校の二重カリキュラム（dual curriculum）においては、学習を通して言葉が育ち、言葉を通して学習が進み、その両者が同時に行われる過程で、言葉そのものについての関心が深まり、言葉についての学習がなされる。(28)

ここには、「三つの学習」とあるが、そのうちの二つ、つまり、言葉の力を伸ばす学習と言葉について学ぶ学習は、どちらも言語学習である。もう一つの学習、つまり言葉を通した学習は、言葉を通してさまざまな分野の事柄を学ぶ学習である。これは、言葉そのものの学習ではなくて、言葉を通して世界を学ぶ学習になる。

二　国語科の総合性

国語科は言葉の力を伸ばす教科であるが、国語科であつかう話題の範囲は広く、人生・社会・自然・文化など全般に及ぶ。国語科教科書には、動物のこと、植物のこと、天気のこと、生態系のこと、大陸のこと、海のこと、湖のこと、川のこと、古今東西の偉人のこと、生き方のこと、哲学のこと、美術のこと、音楽のこと、スポーツのこと、料理や食品のこと、その他、さまざまな分野の話題が取り上げられている。

国語科の授業で、新聞や図鑑やカルタを作る活動が行われたり、読書紹介の活動が行われたりすることがあり、その中で、動物や植物、日本や世界の子ども、歴史上の人物、地域のこと、環境や生態系のこと、防災のことなど、さまざまな分野のことが取り上げられる。

そういう意味で、国語科は「ミニ総合科」的である。そして、それが、国語科の楽しさ・豊かさ・魅力の源泉になっている。だから、国語科では、言葉と同じくその内容も大切にされなければならない。

第二節　すべての教科で言語学習
——国語科をこえて広がる国語学習

言葉はすべての教科で使われ、使われることによって学ばれる。つまり、すべての教科が、その教科の学習内容を学ぶ場であると同時に、言葉を学ぶ場になるのである[29]。そういう意味で、国語科以外の教科もまた、「二重カリキュラム」的である。

例えば、小学校算数科で「垂直」を学ぶとき、水を張った器の水面上におもりを付けたひもを垂らして垂直の概念を確認したり、「垂直」の意味を辞典や参考書で確認したり、「垂直」の「垂」に〝垂れる〟という意味があり、「直」に〝真っ直ぐ〟という意味があることを確認したりすることは、算数学習を充実させると同時に、「垂直」という語についての学習を充実させることにもなる。その場で、「垂」と「直」の書き方を確認するようにすれば、「垂直」という語の読み書きを同時に学ぶことになる。そうすると、算数科的な学びと国語科的な学びの両方が充実する。

小学一年生の生活科で行われる大判名刺を作って交流する場では、生活科的な学習と言葉や文字の学習が同時に成立する（詳細は第三章第二節の七参照）。

社会科で「くらしと水」を学習する際に、学校における水の利用とその処理、家庭における水の利用とその処理、浄水場・下水処理場、地球上における水の循環などのテーマを掲げて、それぞれのテーマをグループで分担して、文献やインターネット、実地調査やアンケートを通して情報を収集し、話し合ったり考え合ったりして、自分たちで調べた結果に意見や疑問や提案を添えた報告書を作る活動をすることがある。その活動を通して成立する学習には、社会科が受けもつ「くらしと水」に関する学習と、読んだり書いたり話し合ったりする言葉の学習とが同時に成立する。

地域や、県や、地方や、国土や世界について調べて、報告書を作成して発信する活動の場では、社会科的な学習と言葉の学習が同時に成立する。

「鎌倉幕府新聞」「明治維新新聞」「敗戦後の庶民の暮らし新聞」などのような歴史新聞や、さまざまな時代や人物に架空取材した歴史物語を作る活動の場では、社会科的な学習と言葉の学習が同時に成立する。

歴史や地理の学習に出てくる人名（「徳川家康」など）や地名（「江戸」や「東京」など）を学ぶことが、歴史や地理の学習になると同時に、言葉や文字の学習になる。

理科で学習する事柄について、辞典や事典、単行本や雑誌などの各種書籍や新聞、インターネットやインタビュー、実物観察などを通して情報を収集・加工して、図解解説書やポスターを作る活動をするとき、そこには、理科の学習と、言葉を通して情報活用する学習との、両方の学習が成立する。

社会科や理科に関する解説書の全文を書き写して絵本を作る活動は、該当する事項の内容を学習する機会になると同時に、言葉や文字を学習する機会になる。

料理や裁縫や保育に関する情報を収集・編集して、子ども向けの手引きを作る活動は、料理や裁縫や保育に関して学習する機会になると同時に、読んだり書いたりする力を伸ばす機会になる。

人に聞いたり、文献やインターネットで調べたりして、スポーツのルールや技に関する冊子を作る活動は、体育に関する学習の機会になると同時に、言葉を通して情報を収集・編集・加工して発信する力を伸ばす機会になる。

そのように、言葉を使って学ぶ限り、あらゆる教科が、その教科を学ぶ機会になると同時に、生きてはたらく言葉を学ぶ機会になり、語彙を拡充する機会になるのである。

そう考えると、一つの疑問が出てくる。それは、国語科で学ぶ言葉と、国語科以外の教科で学ぶ言葉との間に、違いはあるのだろうかという疑問である。私は、その両者に本質的な違いはないと考えている。どちらも国語であり、日本語である。国語科の場であろうと、国語科以外の場であろうと、そこで使われる言葉は、日本語として通用する共通の言葉でなければならないからである。つまり、国語学習は、国語科でも行われ、国語科以外の場でも行われているのである。違うのは、どの教科で行われるかということだけである。それが、私のカリキュラム観である。

第三節　国語と国語科

一　国語科の特色と魅力

すべての教科で言葉が学ばれるということになると、国語科の存在意義はあるのかという疑問が生まれるであろう。その疑問に対する私の答えは次のとおりである。

国語科は、教科の枠にとらわれない幅広い範囲から話題を選んで、それについて聞いたり話したり読んだり書いたりする経験を通して、言葉の力を高める教科である。と同時に、世界・宇宙・人生・文化・芸術など、幅広い話題について、聞き、話し、読み、書くことを通して学ぶのが、国語科という教科の特色である。

他の教科ではその教科にかかわる話題しか取り上げることができないが、国語科では、教科の枠にとらわれないで、豊かで幅広い話題を取り上げることができる。そこに、国語科という教科に固有の特色がある。それが、国語科という教科の魅力でもある。国語科だからという理由で、言葉そのもの（言葉の形や表現や用法）に焦点を置くことに力を注ぎ過ぎて、言葉の背後にある豊かな情報や思いを軽視するようなことになってしまったのでは、国語科のせっかくの魅力を半減させることになる。

二　国語科が受けもつ学習範囲

国語科が受けもつ学習範囲について、具体的に整理すると次のようになる。

話すこと・聞くことの範囲としては、話し合い・会議・報告・説明・発表などや、マイクロフォン・イヤフォン・スピーカー・ビデオカメラなどの電子機器を通した遠隔コミュニケーションなどをカバーする必要がある。その中には、実用的な情報のやり取りだけでなく、話芸や演劇のような、娯楽的または芸術的なコミュニケーションも含まれる。

書くこと・読むことの範囲としては、読解・読書や文章作成や編集を視野に入れる必要がある。

文章の種類としては、詩・短歌・俳句・小説・随筆などの文学的文章や、説明・解説・論説・論文・報道・記録などの説明的文章や、通知・案内・依頼・注文・手紙・投書などの日常実用文などをカバーする必要がある。

読み書きの媒体としては、手紙・日記・新聞・雑誌・書籍・辞典・事典・図鑑・地図・掲示・ポスター・チラシ・インターネットなどをカバーする必要がある。

国語科であつかう独自の知識・技能としては、発音・発声・文字・表記・語句・段落・文・文法・文章構成法・修辞法・表現論・語彙論・レイアウト・編集に関する知識・技能、および、古文・漢文・現代文・翻訳文学を含む言語文化にかかわる基礎的教養をカバーする必要がある。

学校教育の全期間で、それらすべての学習をバランスよく配置して指導することが、国語科の役割である。ただし、学校で使える授業時間には限りがあるので、限りある時間の範囲内でできるだけ広く取り上げるのである。学習内容を各学年に配置する際には、学年相応の難易度や分量などを考慮して、その学年の一年間で行うことができる範囲内で、バランスよく配置する必要がある。

図書館利用の学習が行われるのは国語科だけではないが、図書館の利用法についての基本的なガイダンスについては、これも、国語科のカリキュラムの中に位置づけて行う必要がある。

ところで、詩・短歌・俳句・小説などを「言語芸術科」的な教科として独立させるカリキュラム案がないわけではない。しかし、現代日本の国家カリキュラムに相当する小・中・高等学校の「学習指導要領」では、高等学校「書道」以外の言語芸術的な内容が、国語科に組み込まれて主要な構成要素となっている。私の国語科カリキュラム論は、その現状に合わせて論じたものである。ちなみに、高等学校学習指導要領では、長年、教科「芸術」の中に科目としての「書道」が配置されてきている。

第六章

幼児期の言葉と文字

子どもは、言葉を学ぶ潜在能力をもって生まれる。この社会で生きるためには、まわりの人々に通じる言葉を使う必要がある。その必要が言葉を学ぶ原動力になり、言葉を使って通じ合う喜びが言葉の育ちを支える。それは、話し言葉だけでなく書き言葉も同様である。

幼児期の発達支援は、環境設定と遊びを通して行われる。言葉と文字の育ちを助ける環境と遊びにはどういうものがあるか。そのことについて、具体例をあげながら考えていきたい。

第一節　幼児期の言葉の育ち

一　交流の中で育つ言葉

幼い子は、衣食住すべての面で周囲の人に助けられながら成長する。そこで必要になるのが、まわりの人とのコミュニケーションである。乳飲み子は泣き声で母親の注意を引き付ける。幼い子は、表情や動作や声などで、要求・拒絶・肯定・否定・喜び・悲しみ・苦しさなどを、まわりの人に伝える。

その子がやがて、「ウマウマ」「マンマ」というような言い方で思いを伝えるようになる。いわゆる幼児語である。それは、大人が使う標準的な言葉ではないけれど通じる。通じるのは、聞く人が理解するからである。

子どもとかかわる人の範囲は、親から家族へ、家族から身近な人へと広がっていく。その過程で、子どもは、まわりの人々が使う言葉をまねて、自分流に言葉を使ってみる。使ってみて、通じなければ修正し、再度使ってみて、通じなければまた修正し、通じればその言葉を自分の言葉として定着させる。そういう試行錯誤を繰り返しながら、使える言葉が増えてゆく。

成長すれば交流範囲がさらに広がる。交流範囲が広がれば、それまで通じていた言葉が通じない場面が出てくる。理解できない言葉に遭遇したり、自分の言葉が通じない場面に遭遇したりする。そういう場合は、質問したり、言いかえたりして、なんとか通じるように試みる。そういう経験を重ねながら、子どもは、自分の言葉を発達させてゆく。

子どもの言語発達について、米国の言語教育学者ケネス・グッドマンは、次のように説明している。

私たち人間は、他の人と伝え合う潜在能力と必要とをもって誕生し、自分で言葉を生み出していく。が、その言葉は、その人が属している家庭や地域社会の言葉に近づいていく。（中略）言葉を通して他の人とコミュニケートするためには、自分の言葉を、両親や家族や近所の人たちや仲間の人々に通じる言葉にすることが必要となる。自分が作り出す言葉は、他の人を理解したり他の人に理解してもらったりするという社会的な必要によって、その社会に共通の形に近づいていく。そのようにして、個人の言葉は、その人が属する集団の言葉の規範に合致する言葉になっていく。(30)

二　通じる喜び

(一)　アアアンマン

アンパンマンの人形をもらった一歳児が、「アアアンマン」と言って喜ぶ姿を見て、まわりの大人たちは、「違うよ！　ア・ン・パ・ン・マ・ンだよ！」と言ってとがめたり、言い直させたりしない。それどころか、「アンパンマン」として理解し、喜んで受け止める。この一歳児が発した正しいとは言えない「アアアンマン」という表現が、まわりの人たちに通じるのである。通じれば嬉しい。その嬉しさが、その子の心を励まして、もっともっと言葉を使おうとさせる。そのようにして、子どもの言葉は、さらに発達していく。

(二)　幼児から母親への伝言メモ

あるとき、五歳と四歳の兄弟が、母親への伝言メモを書いた。それは、その兄弟を部屋に残して、母親が外出していたときのことである。その兄弟は、隣のおばちゃんに招待されて遊びに行く際に、帰宅した母が心配しないようにメモを残した。そのメモを書いた様子は、言葉を兄が一音節ずつゆっくり声に出し、その音節を表す文字を弟が平仮名表から探し出して指で押さえ、その文字を兄がメモ用紙に書き写すというものだった。そうしてできあがったメモが**図1**である。

このメモには、正しいとは言えない字形がいくつかあり、助詞の「は」「へ」が「わ」「え」になっている。助詞の「を」が脱落している。促音を表記する小さい「っ」にすべきところが、通常の大きさの「つ」になっている。句読点がない。文字の重複がある。書き損じた字を消しゴムで消す代わりに、その文字の上に線を重ねて消している。

帰宅してこのメモを見た母親には、その内容が通じた。通じたのは、母親が理解したからである。通じた経験が、文字のはたらきを子どもに実感させ、子どもの自尊感情を高めたであろう。なによりも、自分たちが書いたメモが読まれて理解されたことに喜びを感じたであろう。

図1

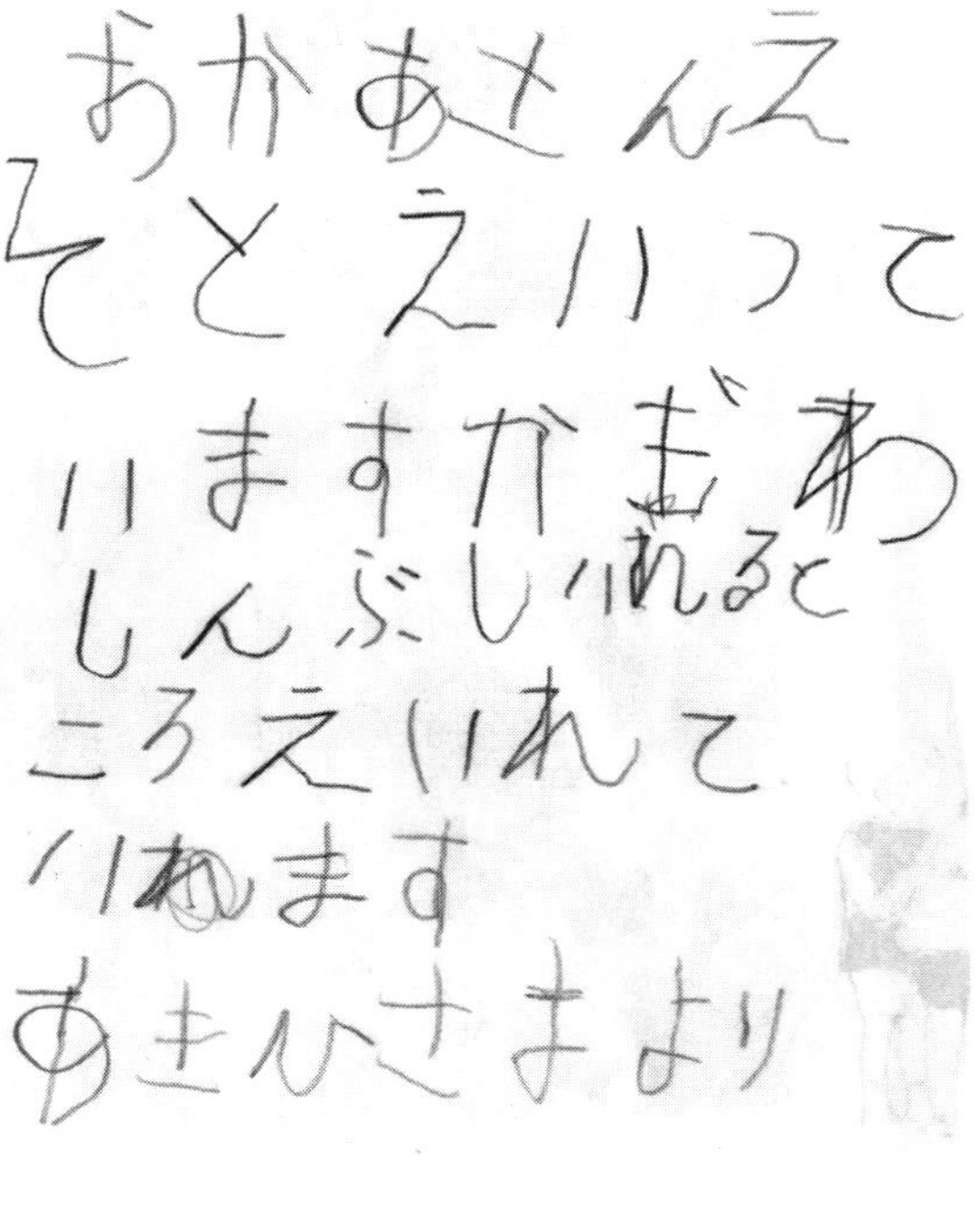

このときもし、母親が、内容を理解することよりも、子どもの書き誤りに着目して、それを指摘して注意

したり、書き直させたりしたらどうだったろう。母親を心配させまいとしてがんばってメモを書いた苦労や思いが報われないことになったであろう。それだけでなく、子どもの自尊感情や、書いて伝えようとする意欲が、損なわれることになったであろう。

㈢「せんせい！　おしっこ！」

おしっこに行きたくなった子が、せっぱ詰まって、「せんせい！　おしっこ！」と言ったとき、あなたならどう対応するだろうか？　主語が明らかでないと気付いて、「だれがおしっこですか？」と問い返すだろうか？　述語がおかしいと感じて、「先生はおしっこではありません。」と言い返すだろうか？

普通の人ならば、そんな対応はしないであろう。しかし、教育に熱心なあまり、そういう対応をする人がいないとは限らないようである。

その対応に人間としての思いやりがないことは言うまでもないが、はたして、言葉の指導としてはどうだろう？　私の考えを言うと、その対応は、言葉の指導としても不適切であると言わざるを得ない。

そもそも、対面して話す場合は、場面から得られる情報が多いので、「せんせい！　おしっこ！」で十分に通じる。最初の「せんせい！」が先生の注意を引き付ける。次の「おしっこ！」が、おしっこしたいのでトイレに行かせてください、という差し迫った訴えを伝える。「せんせい！　おしっこ！」は、その場の状況にふさわしい効果的な表現なのである。そんなこともわからないで、主語と述語が整った文で言い直させる指導は、冷酷なだけでなく、正しくもなく、適切でもない。

そんな、思いやりもなく、不正確で不適切な言葉の指導をする指導者に対して、子どもは心を開くだろうか？　そんな指導のもとで、子どもの心と言葉の健やかな成長が望めるだろうか？

㈣　コミュニケーションは共同作業

コミュニケーションは、発信する側と受信する側の協力によって成立する。聞く側が聞く耳をもたない場合は、話し手がいくら話しても、通じることはない。コミュニケーションが成立するためには、話す側の努力だけでなく、聞く側の理解しようとする努力も必要なのである。

言葉の発達を助けようとする大人が、まずしなければならないことは、子どもが話した言葉を理解する相手になることである。それが、子どもが通じ合う喜びを体験するための手伝いをすることになるのである。どんな片言であっても、その言葉を何とか理解しようと心を尽くす聞き手になることが、幼い子の言葉の育ちを励まし助けるのである。

第二節　幼い子なりの読み書き

一　生活や遊びの中で自然に始まる読み書き

読み書きは、小学校に入学してから始まるわけではない。幼児たちがいる場には、生きた言葉が飛び交っている。それは、話し言葉だけでなく、書き言葉にも及ぶ。

幼児のまわりには、看板や広告板の文字、各種表示板の文字、時計の文字盤、名札の文字、広告チラシの文字、絵本の文字、テレビやゲーム機など電子機器の画面の文字、マンションの号棟を示すアルファベットや数字など、いろいろな文字があって活用されている。その文字は、平仮名に限定されておらず、片仮名・漢字・ローマ字・数字などいろいろある。

そんな環境の中で育つうちに、幼児は、いつの間にか、幼児なりのやり方で、読んだり書いたりし始める。幼児が看板や絵本の文字を自分流に読み上げたりすることもある。

家庭や幼稚園・保育園には、幼児の身近に絵本の棚があり、物語絵本や知識絵本や図鑑などが並んでいる。先生が書いた掲示物もある。それを大人に読んでもらうこともある。自分で絵本を開くこともある。そのうち、自分なりに読み始める子も出てくる。お店屋さんごっこをする際には、お金や商品札の文字を自分流に書く子も出てくる。

幼児が自分から、読んだり書いたりし始める文字の中に、平仮名・片仮名・漢字・ローマ字・数字などが含まれることは珍しくない。

幼稚園や保育園で幼児が遊んでいる様子を見ると、

①乗り物ごっこの中で、お金・切符・看板・駅名表示板・行き先表示板などを作る。
②お店屋さんごっこの中で、商品札・値札・メニュー・チラシ・広告や看板などを作る。
③園室に置かれたお手紙ポストを通して、お手紙ごっこをする。
④段ボールで作る時計の文字盤を書く。
⑤保育室や園庭に掲示する掲示物を作る。

など、幼児なりに文字を書く場面がいろいろ見つかる。

二　幼いながら自分で読む

一歳の男の子が、自宅の絵本棚に並んだ絵本の背表紙を見て目的の絵本を引っ張り出すことがあった。その場合、背表紙の文字を読むことはできないけれど、背表紙の模様、つまり、文字を含む線や形や色の特徴を手掛かりにして、ほかの絵本と区別して見分けることができていると考えられる。

幼児が看板や絵本の文字を自分流に読み上げたり、字を書くと称して小さな線を書き並べ、それを読み上げたりするとき、もう、幼い子なりの読み書きが始まっているのである。

二歳の女の子が、絵本の表紙に小さく印刷されている「ことばあそび」という文字の「こ」に指を置いて「コチョバ」と声に出して読み、「と」に指を置いて「アチョビ」と声に出して読んだ。その子は、音節や音節文字の認識はできていないけれど、言葉を語の単位にまで分解することはできているのである。そして、その一語一語を、平仮名一字一字に当てはめて、読んでいるのである。

三歳の女の子が、「とびうお」について説明している絵本を持ってきて、私に、「読んであげる！」と言いながら、どのページも同じく「トビウオサンノデキルコト！」と明瞭な声で読んだことがあった。その絵本のそれぞれのページに印刷された文章は、どれもトビウオに言及してはいるが、同じ文章ではない。しかし、その子は、大人に読んでもらった言葉を覚えていて、大人が読む姿を真似て、どのページも同じく「トビウオサンノデキルコト！」と音読したのである。その子は、平仮名一字一字を正確に読んでいるわけではないけれど、印刷された文字群が言葉を記録していることはわかっており、それを、大人が読む姿を真似て、自分流に音読してみせたのである。

三歳の男の子が、英語絵本の消防車のイラストの下に印刷された「fire engine」を「ショー・ボー・シャ」

と読んだことがあった。正しく読めてはいないけれど、この子は、単語とその単語を構成する音節を表記する文字のはたらきを知っていて、消防車のイラストに添えて印刷された文字列を、「拗長音／長音／拗音」に分解して、音読したのだと考えられる。

四歳の男の子が、『おとうさん』という絵本のタイトルを見て、「オトーサン」と読んだことがあった。その時、その子は、「お」や「と」など、平仮名一字一字については、それを読むことができなかった。その子は、ひらがな一字一字を読めているわけではないが、そこに印刷されている「おとうさん」という文字列全体が、「お父さん」というひとまとまりの言葉を表していることは知っていたと考えられる。

ここに挙げた事例には読み誤りの例が含まれている。が、それはどれも、完全な誤りではない。その誤りには、それぞれの子がその時点までに身に付けた学習の成果が含まれている。つまり、部分的な正しさを含む誤りなのである。

これらの誤り事例を見た大人の中には、これらを単なる誤りとして切り捨てる人もいるであろう。その逆に、誤りの中に含まれる正しさを見つけて喜ぶ人もいるであろう。そして、その違いは、正反対の効果を生むであろう。

自分が挑戦する姿を見て喜ぶ大人に接した子どもは、失敗を恐れずに、自分流に読むことに挑戦するようになるだろう。そして、試行錯誤を繰り返しながらも、自らの読む力を伸ばしていくだろう。

なお、平仮名一字一字が読めない段階で、「おとうさん」を「オトーサン」と読んだ子も、やがて、平仮名一字一字が読めるようになると、今度は、「オ・ト・ウ・サ・ン」と一字ずつ読んで、その結果、「オトーサン」というひとまとまりの語として読めなくなったり、オ列長音表記の「う」を「ウ」と読み誤ったりするようになることがある。それは、読みの発達段階としては、退歩したように見える。

しかし、心配することはない。その現象は、平仮名一字一字が読めるようになったために起きる一時的な現象に過ぎない。それは、平仮名一字一字が読めるようになったという、より高度な能力がもたらす、より高度な退歩現象と見ることができるのである。子どもは、そんな段階をすぐに通り越して、再び「オトーサン」というように、ひとまとまりの語として読めるようになる。

三　幼いながら自分で書く

幼児は、大人が見るとどう読めばよいかわからないような形を書き並べて「リンゴ！」と読んだり、「オカーサン」と読んだり、自分の名前として読みあげたりすることがある。その場合、この、まだ文字になっていない線が、書いている幼児自身にとっては、文字としてはたらいているのである。

この、幼児にとって文字としてはたらく線を、私は、「擬文字《ぎもじ》」と呼んでいる。そのような擬文字を書く幼児は、文字が絵とは別種の記号であることを知っているのである。幼い子が書く擬文字を見て、大人は喜べばよい。「そんなの文字じゃない。」とか言わないで、喜んで理解し、喜んで受け止めればよい。大人が喜ぶ様子を見て、子どもはもっと書きたいと思うだろう。

書字能力がもう少し発達してくると、細部に誤りがある文字が現れてくる。「ま」の縦棒が上に突き出ていなかったり、「ほ」の縦棒が上に突き出ていたりというような誤字がその例である。そんな誤字を見た大人は、「ここがこう違っている。」とか、「ここをこう直しなさい。」とかいう指摘や修正指導をすることをやめて、正しい字形に近い文字を書けたことを喜んで受け止め、知らぬ顔して、「マ」や「ホ」と読んであげればよい。

これを誤りとして否定するか、その誤字の中に含まれる九割ほどの正しさに気付いて喜んで受け止めるかで、子どもに与える影響が正反対になる。子どもはそういう誤りを繰り返しながら、正しく書ける文字を増やしていくのである。

第三節　幼児期の読み書きと発達支援

一　耳からの読解と口による作文

幼児が、大人にせがんで絵本を読んでもらうことがある。そのときその子は、絵本の中の文章を、耳で聞いて理解しているのである。これを私は「耳からの読解」と呼んでいる。

絵を子どもが描き、絵本に書く文章を子どもが考えて大人に伝え、それを大人が文字に書いて絵本を作るという実践を、私はこれまで、幼児教育の現場で複数目撃した。私はこれを「口による作文」と呼んでいる。幼児がつぶやいた言葉を保育者が記録して残すということも、あちこちで行われている。それらの事例も含めて、子どもが声で表現し指導者が文字で記録した文章は、どれも、「口による作文」の一種と考えることができる。

「耳からの読解」も「口による作文」も、その経験を積むことは、のちに子どもが、自力で文章を読んだり書いたりするための土台を豊かにすることになる。

二　おおらかに見守る

幼児期に自然に始まる読み書きには、誤りも出現する。しかし、それをいちいちとがめる必要はない。正しく読み直させたり、書き直させたりする必要もない。むしろ、そのまま受け止めて、「すごいね！」と喜んだほうがよい。

子どもは、誤っても叱られないというおおらかな環境で自分流に読み書きするうちに、相手に通じなかったり、誤りを友達から指摘されたりする経験をする。そして、自分から直したくなって自分で直すときが来る。大人は、ゆったりおおらかに構えて、そのときを待てばよい。それが、最も効果的な発達支援になる。

三　環境設定

本格的な文字指導は小学校に入学してから始まる。国語科では、まず平仮名が指導され、算数科では数字が指導される。国語科では、その後、片仮名、漢字、ローマ字という順で、文字指導がなされることになっている。しかし、生活や遊びの中で子どもが出会う文字や自分から書き始める文字は、小学校カリキュラムの順序どおりになるとは限らない。

幼児教育が受けもつ仕事は、本格的な読み書き指導ではなく、その土台を豊かにする仕事である。具体的には、絵本と親しみ、生活や遊びの中で文字に出会い、読んだり書いたりすることが自然に起きるような環境を設定し、読み誤りや書き誤りを指摘したり読み直させたり書き直させたりしないで、子どもが自由に遊べるような環境を用意することである。

第四節　言葉や文字が育つ遊び

幼児教育界で「遊び」と呼ばれるものには、大きく分けて二つのタイプがある。タイプ一は、子どもが自由に遊ぶ、いわゆる「自由遊び」である。タイプ二は、指導者による計画と指導のもとで活動する「遊び」である。私がここで紹介する遊びはどれも、タイプ二に属する。ただし、タイプ二と同じ形の遊びであっても、子どもがそれを自分からする場合は、自由遊びになる。

次に紹介する遊びの具体例は、どれも、私自身が見たり聞いたり、実践に参加したりした遊びであり、言葉や文字の育ちを助けると考えられる遊びである。

一　翻作《ほんさく》劇遊び

幼児に親しまれている民話「おおきなかぶ」(14)の登場人物をクラスの子どもの名前に置きかえたり、別の生き物に置きかえたり、「かぶ」を別の物に置きかえたりというような翻作劇をする遊びである。「うんとこしょ」というかけ声を別のかけ声に置きかえてもよい。

翻作劇をして遊ぶだけでなく、翻作した物語の場面を絵に描いて、それを一冊にまとめて、翻作絵本を作ることもできる。文字は書かないか、あるいは、指導者に書いてもらってもよい。

または、模造紙大の大きな紙に、絵の輪郭線を指導者が引いて、それに子どもたちが色付けをするというやり方で、大判の垂れ幕を作ることができる。色付けは、子どもたちが分担共同で、塗り絵あるいは貼り絵の手法で、行ってもよい。それを何枚か連作して、超大判の物語絵を作ることもできる。

この遊びの中で幼児は、絵本の内容の理解を深め、言葉や動きで表現し、絵本や物語への親しみを深めることになる。

私がこのタイプの実践にかかわったのは、保育園の四歳児クラスと五歳児クラスによる合同保育の場であった。

同様の遊びを、『はらぺこあおむし』(22)など、ほかの絵本でもすることができる。

二 替え歌遊び

まず、「そうだったらいいのにな」という歌（井出隆夫作詞・福田和禾子作曲）を歌ったり踊ったりして楽しむ。次に、子ども一人一人が、例えば「ウルトラマンだったらいいのにな」「うさぎだったらいいのにな」「おうちの庭が海だったらいいのにな」というような替え歌にする。その替え歌を歌ったり、歌に合わせて踊ったりして楽しむ。

さらに、自分が作った替え歌のイメージ世界の絵を描くという遊びを追加することもできる。その際、まずはクレヨンで輪郭線を描いて、その上から、水でのばした絵の具を塗ると、四歳児でも、なかなかの絵になる。

さらに進んで、その絵に貼り付ける言葉の「塗り字遊び」(31)をするところまで発展させることもできる。その遊びは、子どもが作った替え歌の中のキーワードと、子どもの名前とを、白抜きの文字で書いたシールを作り、その文字にカラーボールペンで彩色する遊びである。

塗り字遊びが終わったら、そのシールの裏に糊を付けて、自分が描いた絵の中の好きな場所に貼り付けるのである。そうすると、その絵が文字入りの絵になる。

その、文字入りの絵をみんなで見て楽しんだあと、カラーコピーして製本すれば、一冊の「そうだったらいいのにな」の替え歌絵本ができる。その絵本を先生に読み聞かせしてもらって、みんなで楽しむこともできる。

この遊びの中で幼児は、歌い、踊り、絵を描き、空想世界を言葉で表し、塗り字を通して文字に親しむことになる。私がこの実践にかかわったのは、保育園の四歳児クラスでのことであった。そのときは、ここで紹介した遊び方のすべてをやりきって、手作り絵本をみんなで楽しむところまで進んだ。

三　問答つなぎ遊び

工藤直子著『のはらうたⅠ』[4]に「みみずみつお」による「すきなもの」という題名の「のはらうた」（という名の詩）が収められている。「みみずみつお」が一行目で「わたしはひるねがすきです」と語り、次の行で「あなたはなにがすきですか」と問いかける、平仮名二行からなる詩である。

これを先生に音読してもらって楽しんだあとに、「ひるね」のところに、子どもたちが自分の好きなものを入れて、例えば、「私は、バナナが好きです。」と言ってから、「あなたは、何が好きですか?」と隣の子に問いかけ、問いかけられた子が「ぼくはパンダが好きです。あなたは何が好きですか?」と次の子に問いかけるという繰り返しを、順々につないでいく。

そこで終わっても一つの遊びになるが、さらに続けて、子どもたちが好きなものを絵に描いて、その画面の余白に、「わたしは○○がすきです。」という言葉と自分の名前を書き添えるという活動をしてもよい。自分で書ける子は自分で書いてもよい。自分で書けない子は、先生に口頭で伝えて書いてもらってもよい。あるいは、先生に鉛筆で薄く書いてもらった文字を、子どもが油性ペンでなぞったあと、鉛筆の線を消しゴムで消して、子どもが書いた油性ペンの文字だけを残すというやり方でもよい。

できた絵を綴じて製本すれば、クラスで一冊の「好きなもの絵本」ができあがる。本を複数作りたい場合は、作りたい部数をカラーコピーして製本すればよい。

この遊びの中で幼児は、詩に親しみ、言葉と文字に親しみながら文字を活用する経験をする。私がこのタイプの実践に参加したのは、保育園の五歳児クラスであった。

四　合わせ話遊び

ここで言う「合わせ話」とは、複数の物語を合成して作る物語のことである。例えば、北欧民話の絵本の場面とあらすじを生かし、そこに日本民話の登場人物を登場させ、擬音語・擬態語やせりふなどをかえれば、一つの「合わせ話」としての「合成物語」ができる。

その物語を絵本にしてもよい。劇遊びにしてもよい。この遊びの中で幼児は、物語に親しみ、物語を理解して再構成する経験をすることになる。

五　七夕遊び

私がこの実践にかかわったのは、保育園の四歳児クラスと五歳児クラスが合同で遊ぶ場であった。

七夕飾りを作ったり、その短冊に願い事を書いたり、七夕の歌を歌ったり、七夕の踊りを踊ったり、七夕のお話を聞いたり、七夕の絵本を読んでもらったりする遊びである。この遊びの中で子どもは、言葉や文字に親しむことになる。

六　にじみ絵本遊び

水をはじく葉っぱの面に、スポイトを使って赤・黄・青それぞれの色水を落とすと、カラフルな水玉ができる。異なる色の水玉同士をくっつけると、混合色の水玉になる。水玉をスポイトで追加したり、水玉同士を合わせたりしていると、想定外の色と形に変化する。その上から障子紙をかぶせると、色水がじわじわとにじみ広がって、一枚のにじみ絵ができあがる[32]。

指導者と幼児が二人並んで、その子が作ったにじみ絵を見て対話しながら、にじみ絵から思い浮かぶものを語ってもらうと、現実的なものから幻想的なものまで、多様なイメージを語る言葉が幼児の口から出てくる。指導者が、幼児から出た言葉をつなぎ合わせて、幼児に語ってもらったイメージ世界を表現する詩の草案を作る。

その草案を幼児一人一人に読みあげて伝え、「これでいい?」と尋ねると、「うん、それでいい。」とか、「いや、ちがう。」とか、「ここはこうかえたい。」とか、いろいろな反応が返ってくる。反応に応じて草案を修正していって、その子が納得したところでその詩が完成する。そうしてできた詩は、いわば、幼児と指導者の合作詩になる。

そのようにしてできた詩を、指導者が鉛筆で薄く書いて、その文字を子どもが油性ペンでなぞったあと、鉛筆の線を消しゴムで消せば、子どもが書いた文字だけが残る。その詩とにじみ絵とを左右に並べて横長の紙に貼り付けると、詩と絵が並んだ一対の作品ができる。

それをカラーコピーして製本すれば、一冊の「にじみ絵詩集」ができあがる。

この遊びの中で幼児は、葉っぱや水や色や形に親しんだり、想像を膨らませたり、想像したイメージを言葉で表現したり、文字に親しんだりする経験をする。

私がこの実践に参加したのは、保育園の四歳児クラスであった。

七　名前の音節や文字で遊ぶ

これは、ある幼稚園の発表会で目撃したことである。五歳児クラスの子どもたちが演じる「たからさがし」という劇の最終場面で宝箱が見つかる。宝箱を開けると、中に四枚の大きな文字板が入っていた。子どもたちは、その文字板を一枚ずつ持ち上げて客席に見せた。文字板の文字は、「ち」「だ」「も」「と」であった。演じる園児たちはその四枚を並べて客席に見せながら、「チー、ダー、モー、トー。」と読みあげた。

長い劇だったので、観客になっていた三歳児クラスの子たちは、くたびれてつまらなそうにしていた。ところが、その四枚の文字板の並び方が変わって、「と」「も」「だ」「ち」の順に並べかえられ、五歳児クラスの子どもたちが声を合わせて「トー、モー」まで読んだ瞬間に、三歳児クラスのトモ君とトモちゃんの目が輝いた。この一例を見るだけでも、自分の名前が子どもにとってどんなに大事なものであるかがわかる。

そんなに大事な子どもの名前は、子どもが文字に親しむための大切な入口になる。持ち物に書かれた名前は大事な文字環境である。

模造紙大の大判の紙に、手作りの平仮名表を作り、それぞれの文字のそばに、その文字で始まる子どもの名前を書き込んだり、その子の顔写真を貼ったりすることも、子どもが平仮名表と文字に親しむ環境になる。

子どもの名前を活用する遊びとしては、名前の「塗り字遊び」なども考えられる。「塗り字遊び」とは、文字の輪郭線を記した紙に、塗り絵をするときと同じ要領で好きな色を塗る遊びである。

あるいは、子どもの名前を活用する別の遊びとして、名前と顔写真が入った文字カードを作って、そのカードを使ってゲームをすることも考えられる。

あるいはまた、絵本や紙芝居で楽しむ際に名前を活用する遊びとして、登場人物の名前を子どもの名前にかえて読む遊びも考えられる。その際、ストーリーの中でその名前が出てくるたびに、名前のカードを見せながら音読するのである。そのようにして絵本や紙芝居を楽しむことが、子どもが物語に親しんだり、文字に親しんだりする機会になる。そのときに見せる名前カードは、事前に作っておく必要がある。名前の塗り字遊びで作った名前カードを使ってもよい。

名前の音や文字で、「言葉さがし遊び」をすることもできる。

例えば、「かおる」という名前の場合は、

か　→　からす　かがみ　かお　かき　あか　しか

お　→　おに　おかし　おっぱい　おと　おもちゃ　おりがみ　かお　しお

る　→　るすばん　みる　はしる　たべる

というように、名前の音や文字を含む言葉を探して遊ぶのである。

そのほか、自分の名前、家族の名前、友達の名前、先生の名前、タレントやスポーツ選手など親近度の高い名前などを使って、「名前のしりとり遊び」をすることもできる。

あとがき

どうすれば、言葉や国語の学習が楽しく実りあるものになるか。その原理と具体的な方法について、できるだけわかりやすく書いたのが、この本である。本書で提案した原理や方法は、多くの実践者との交流の中から生まれた。その名前を本書で紹介することはしなかったが、その方々と共に考え共に工夫した光景が、私の脳裏に、感謝の思いとともにありありと浮かぶ。

本書を仕上げるにあたって、編集者 柳沼希世子氏に多大なご助力をいただいた。記して感謝申し上げる。

二〇二二年八月

首藤 久義

【注】

1 太平洋戦争敗戦後の占領期に連合国軍最高司令官総司令部（GHQ）民間情報教育局（CIE）による強い影響のもとで、「学習活動のひとまとまり」を意味する「unit：ユニット」の訳語として「単元」という用語が日本の学校教育に導入されて普及し、今も広く使われている。

2 このような授業で行われる「発問」は、あらかじめ用意した答えを隠しもっていて問うことが通常である。

3 「同時異学習」とは、同じ時間帯で異なる内容・素材・資料・方法等で学習する学習形態のことである。「同時異学習」という表現を私は、恩師倉澤栄吉の著書のどこかで見たように思うのだが、倉澤の著書を可能な限り探索したが、どこで見たかを確認できないまま、今に至っている。

4 工藤直子著『のはらうたI』童話屋、一九八四年。

5 学校教育界には、「基準」を「もとじゅん」、「規準」を「のりじゅん」と呼び分ける風潮がある。その風潮とは別に、私自身は、法規や規則などのような決まり事に照らして物事を評価する際の物差しとして使われるよりどころを「規準」と表記し、一般的に適否・長短・善悪などを判断するためのよりどころを「基準」と表記して、使い分けている。教育評価において私が大切にするのは、決まり事に基づく「規準」よりも、一般的な判断のよりどころとして広く活用される「基準」のほうである。

6 W. H. Kilpatrick, The Project Method; The Use of the Purposeful Act in the Educative Process, Teachers College, Columbia University, 一九一八年。

7 キルパトリックは自らの著書『The Project Method』（注6）において、「目的ある行為（purposeful act）」としての「プロジェクト（project）」の教育的価値を明らかにし、「目的達成を本気で目指す活動（wholehearted purposeful activity）」や「本気で目指す目的（wholehearted purpose）」の重要性を強調し、洋服作りや学校新聞作りなどを例にして、次のように述べている。

もし彼女が本気になって洋服作りに取り組んで、自分で計画・実行するなら、それがプロジェクトの典型例になる。（中略）ドレス作りという作業が、目的ある行為であることは言うまでもない。その目的が、そのあとに続く作業の全段階を導いて、一つの全体としてのまとまりを形成するのである。（中略）あるいは、一人の少年が学校新聞を作ろうとして真剣に取り組めば、そこに、プロジェクトの本質としての効果的な目的が存在することになる。子どもが心を込めて手紙を書いたり、夢中になって話を聞いたりする場合も同様である。（同書五頁。本書における翻訳はすべて首藤による）

同書はさらに、幾何学上の独創的な課題に取り組む活動や、目的をもって熱心に手紙を書く活動や、物語を読んでもらって聞きひたるという内面活動や、学級で演劇を上演する活動や、野球チームを作る活動や、級友たちへの読み聞かせを子どもがする活動なども、プロジェクトの具体例として紹介し、そのいずれの例においても、子どもの「本気さ（wholeheartedness）」の程度が高ければ高いほど、学習上の効果が高いとしている。（同書五頁より）

8 翻作《ほんさく》とは、何らかの原作をもとにした表現のことである。原作をもとにした表現はオリジナルな創作とは呼べないので、私は、「創作」の「創」を「翻訳」の「翻」に置き換えて、「翻作」と呼んでいる。

9 キルパトリックは自らの著書『The Project Method』（注6）において、プロジェクトを、目的の種類に応じて、次の四タイプに分類している。

【タイプ一】 小舟を作ったり、手紙を書いたり、劇を上演したりというように、考えや案を具体化して、形のあるものを作るプロジェクト。

【タイプ二】 物語に耳を傾けたり、交響楽を聞いたり、絵画を鑑賞したりというように、美的な経験を楽しむプロジェクト。

【タイプ三】 露は降るものかどうかを明らかにしたり、ニューヨークがいかにしてフィラデルフィアを追いこして成長したかを確かめたりするというように、何らかの知的な困難を整理したり、何らかの問題を解決したりするプロジェクト。

【タイプ四】 ソーンダイク尺度の第一四級を書くことを学んだり、フランス語の不規則動詞の学習をしたりと

いうように、知識・技能の向上を目指すプロジェクト。(同書、一四頁)

10 この六分類は、プロジェクトを考案したり整理したりする上の便宜を優先した実用的な分類であって、学術的に厳密な分類ではない。

11 対象が人の場合は「出会い」と表記し、対象が事物の場合は「出合い」と表記するというように使い分ける人もいるが、私の使い分けはもっと微妙である。私は、対象が人であろうと事物であろうと、そこに「一期一会」的な機縁を見出す場合は、どちらも「出会い」と表記することにしている。

12 私は、五七五《ごしちご》の韻律からなる短詩を「五七五句」と呼んでいる。俳句も川柳も五七五の韻律からなるが、俳句には季語が必須だとか「季違い」や「季重なり」を避けなければならないという決まりを重大視する人がいる。川柳の世界では、風刺や滑稽味がなければ「川柳」と言えないとする立場もある。そんな注文から解放されて、五七五の韻律を自由に楽しみたいという思いと、五七五への敷居を低くしてだれもが参加できるようにしたいという思いから私は、「五七五句」と呼んだり、「五七五遊び」と呼んだりしている。「五七五句」あるいは「五七五遊び」は、やり方によっては、幼児期や小学校低学年の子どもでも参加できる。自分で文字を書くことができない子でも、本人が口で言うのを大人が書きとめてあげれば、五七五句を記録することができる。呼び名としては、ほかにも、「五七五ポエム」「五七五詩」「五七五」「自由季俳句」などが考えられる。

13 この句は一八一四年作。小林一茶四八~五六歳までの句日記・自筆稿本『七番日記』所収。

14 検定教科書出版社各社の国語科教科書に採用されている「おおきなかぶ」は、「ロシアの昔話」として広く知られている民話の日本語版である。私の手元には何冊かのロシア語版と英語版がある。ちなみに、この「ロシア」は、現在の国境線で区切られた「ロシア」という国家に限定された地域を指すものではない。日本で最も広く読まれている再話絵本は、内田莉莎子再話・佐藤忠良画『おおきなかぶ』(福音館書店、一九六二年)であろう。

15 ヘルマン・ヘッセ作、高橋健二訳。高橋正人「『少年の日の思い出』(Jugendgedenken)の多層構造分析に関する研究」(福島大学人間発達文化学類編『福島大学人間発達文化学類論集』第三〇号、二〇一九年)によると、翻訳の原本になった作品はドイツの新聞『ヴュルツブルガー・ゲネラール・アンツァイガー』(一九三一年八月一日)に掲載されたヘッセによる短編小説「Jugendgedenken」であり、その初稿は「Das Nachtpfauenauge(クジャクヤママユ)」として一九一一年に発表されたそうである。

16 「おれも眠らう」の初出は、草野心平著『第百階級 草野心平詩集』銅鑼社、一九二八年。

17 "THE TURNIP", Russian Fairy Tales, Translated by Norbert Guterman from the Collections of Aleksandr Afanas'ev, Pantheon Books, 一九四五年、二六〜二七頁。

18 「風景 純銀もざいく」の初出は、山村暮鳥著『聖三稜玻璃』人魚詩社、一九一五年。

19 工藤直子著『のはらうたⅡ』童話屋、一九八五年。

20 「走れメロス」の初出は、新潮社刊『新潮』一九四〇年五月号。「走れメロス」が世に出る少し前の、一九三七年に、改造社から出版された『新編シラー詩抄』(小栗孝則訳)所収の詩「人質・譚詩」と、太宰の「走れメロス」は、その用語や語り口が酷似している。

21 初出は、「大造爺さんと雁」(講談社『少年倶楽部』一九四一年十一月号)。所収教科書によって、表記や文体等が異なる。

22 エリック・カール作、もりひさし訳『はらぺこあおむし』偕成社、一九七六年。

23 「いかさま機織り師と王様におこった話」は、寓話集『ルカノール伯爵』(一三三五年)の第三二話。日本語訳は、ドン・フアン・マヌエル著、橋本一郎訳注『ルカノール伯爵』大学書林、一九八四年、一一〜一二頁。

24 「藪の中」の初出は、新潮社刊『新潮』一九二二年一月号。なお、黒澤明監督の映画「羅生門」(一九五〇年公開)は、芥川の「藪の中」をもとにしていて、これも翻作の一種である。

25 この翻訳の初出は、井伏鱒二著『厄除け詩集』野田書房、一九三七年。

26 沢田正二郎作「白野弁十郎」一九二六年初演。

27 エドモン・ロスタン(Edmond Rostand)による戯曲「シラノ・ド・ベルジュラック(Cyrano de Bergerac)」。パリで一八九七年初演。

28 Kenneth Goodman and others, Language and Thinking in School: A Whole-Language Curriculum. Third Edition, Richard C. Owen Publishers, 一九八六年、六頁。

29 私は、二〇〇三年の三月から九月までの半年間、アーヘン工科大学ドイツ語研究所（Germanistischen Institut der RWTH Aachen）の客員研究員として、ドイツ国アーヘン市に滞在した。その際、当地の十数人の小学校教員に「言葉の学習はどこで行われるか？」という質問をしたが、その回答はいずれも、「すべての教科で言葉の学習が行われる。」「言語ではもちろん、事実、算数、図工、音楽、体育、宗教などの教科でも。」という趣旨のものであった。

ドイツでは州ごとにカリキュラムの指針が出されているが、ノルトライン・ヴェストファーレン（ＮＲＷ）州の文部大臣が出した『ＮＲＷ州小学校教育指針及び教育課程 言語編 二〇〇一年版』（Richtlinien und Lehrpläne für die Grundshule in Nordrhein-Westfalen Sprache 2001）という小冊子には、「すべての授業が言葉の授業である。」「言語科の授業は、他教科の学習活動と共同して、児童の言語能力を開発する。」と述べられている（同冊子、一二頁）。

ちなみに、言葉の学習の機会を広くかつ柔軟に考える立場は、ノルトライン・ヴェストファーレン州が出した週当たり時間配当表（二〇〇二／二〇〇三年度版）にも反映している。例えば第一学年では、言語・事実・算数・促進授業の四つについては、それぞれの配当時間を区別して示さないで、四つまとめて合計一一～一二時間（一学校時間は四五分）というように配当時間が示されている。つまり、四教科の合計配当時間が示されていて、四教科内で融通がきくようになっているのである。この示し方が、教科融合的な総合的単元を組みやすい環境を、教師に提供していると考えられる。そのほかは、図工と音楽にそれぞれ三時間、宗教に二時間、体育に三時間である。学年が上がるにつれて総時数が一、二時間ずつ増えるが、示し方は同じである。私はこの基準表を訪問先の複数の小学校でもらった。州が出して各学校に配布されたものであろう。

すべての教科で言葉が使われ、すべての教科が言葉の学習の場になるというような考え方は、英国のカリキュラム解説書にも見られる。次の一文はその一例である。

英語（国語に相当する　首藤補注）は、しばしば理科や歴史というような他の教科の活動やプロジェクトの中に織り込まれる。（Michael Baker, Parents' Guide to the New Curriculum, BBC Books, 一九九二年、八三頁。）

日本でも、今から一世紀ほど前に出版された書物の中で、木下竹次が同様のカリキュラム観を説いている。

国語生活の発展を図るには、ひとり国語科において努力するばかりでなく、各学科の学習に於いて国語生活に注意せねばならぬことは、勿論である。それと共に、国語科の内に各学科の内容を取り込むことも実に容易である。何となれば、国語を以って記述したもの、又は国語を以って話すものが、各科の内容を為して居るからである。国語科で合科主義を以って学習すれば、ひとり国語生活そのものの発展を図り得るばかりでなく、各科の発展も国語科によって遂げることができるのである。（木下竹次著『学習各論（下）』目黒書店、一九二九年、四九頁。引用に際して表記を現代風に直した。）

言葉が人間生活全般において使われて役立っていることについて、米国の教育学者、アーネスト・L・ボイヤーは、その著『基礎学校…学習共同体』で次のように述べている。

マサチューセッツ工科大学教授のスティーヴン・ピンカーがわれわれに思い出させてくれるように、「言葉は、人間の経験の中に非常に緊密に織り込まれているので、言葉のない生活を想像することはほとんど不可能である。」書き言葉や話し言葉を使いこなせない生徒は、教育的および社会的に成功することができない。（Ernest L. Boyer, The Basic School:A Community for Leaning, Jossey-Bass, 一九九五年、六五頁）

30 Kenneth Goodman, What's Whole in Whole Language?, Heinemann Educational Books, 一九八六年、十二頁。

31 「塗り字遊び」とは、「塗り絵」にヒントを得て私が考えた遊びである。それは、白い紙に、太い文字の輪郭を手書きあるいは印刷で記し、好きな色を塗る遊びである。塗り字遊びをする際は、カラーボールペンを用意するとよい。幼児の手は小さいので、細かい部分に色を塗る際には、カラーボールペンが思いのほか使いやすいようである。

32 この遊びの発案者は、私が顧問を務める「保育と自然をつなぐ研究会ウレシパモシリ」を主宰する高橋京子。

首藤 久義 SHUTO Hisayoshi

1947年4月、敗戦直後の旧満州国（現、中国東北部）に生まれ、大分県別府市で育つ。東京教育大学（現、筑波大学）大学院博士課程単位取得退学後、秋田大学助手、文教大学専任講師、千葉大学助教授・教授、東京学芸大学連合大学院博士課程教授（兼任）、小学校検定教科書国語編集委員、NHK教育テレビ番組委員、ドイツのアーヘン工科大学（RWTH Aachen）客員研究員、千葉大学教育学部附属幼稚園長などを歴任し、現在、千葉大学名誉教授、日本国語教育学会常任理事、保育と自然をつなぐ研究会ウレシパモシリ顧問、言語教育研究会会長、プラチナエイジ振興協会名誉アドバイザー。

『書くことの学習指導』『生活漢字の学習支援』『書くことの学習支援』『ことばがひろがる(1) 楽しい国語、生活に生きる国語』『ことばがひろがる(2) 教科をこえて広がる国語』『はじめてつかう漢字字典』など、言葉や国語の教育に関する著述や講演多数。28歳で発表した論文「『読み』の学習と教育…メソッド統合の視点」（日本読書学会編集発行『読書科学』第19巻第3号、1975年12月）が高く評価され、1977年7月に日本読書学会「読書科学研究奨励賞」を受賞。

E-mail：hisashuto428@yahoo.co.jp

編集協力　柳沼希世子
装幀・本文デザイン　渡邊美星子
校正　加藤初音

国語を楽しく

—プロジェクト・翻作・同時異学習のすすめ—

2023（令和5）年1月20日　初版第1刷発行
2023（令和5）年3月27日　初版第3刷発行

著　者　首藤久義

発行者　錦織圭之介
発行所　株式会社東洋館出版社
〒101-0054
東京都千代田区神田錦町2丁目9番1号
コンフォール安田ビル2階
営業部　TEL：03-6778-7278
　　　　FAX：03-5281-8092
代　表　TEL：03-6778-4343
　　　　FAX：03-5281-8091
振　替　00180-7-96823
URL　https://www.toyokan.co.jp

印刷・製本　株式会社シナノ

ISBN978-4-491-05141-3